HEAVEN AND FINANCIAL STATEMENTS

会計天国

COMIC

原作 竹内謙礼／青木寿幸
KENREI TAKEUCHI　TOSHIYUKI AOKI
作画 Manga Designers Lab.

PHP研究所

この本は、決算書を理解できるようになりたい、という人に読んでもらいたいです。

天国は今日も快晴です。

この世界では、多くの天使たちが、死者の魂の管理を行っています。

平和で、のんびり、お花畑が広がる……というのは、過去の話。現在の天国では、現世に残る成仏できない魂の増加、天使の高齢化による労働人口の減少、現世の社会の複雑化などが相まって、多くの天使がオーバーワークぎみ。言ってみれば、地上となんら変わらない社会問題を抱えているわけです。

そこに、ある会計事務所が開業しました。

代表の北条は、生前、凄腕の経営コンサルタントとして活躍していた人物。天使のK、見習いのマキとともに、今日も天国、地上の悩める人たちに、様々なかたちで経営アドバイスをしています。

これは、そんな3人が会計ノウハウを駆使して、幸せへのきっかけを届けるお話です。

登場人物紹介

マキ

天国の北条の会計事務所で働く経営コンサルタントの見習い。実家の和菓子屋の倒産をきっかけに経営コンサルタントを目指す。猛勉強の末、会計士試験に合格し、大手監査法人への入社が決まっていたが、入社式当日に交通事故死。経営コンサルタントへの道をあきらめきれず、天国に来てから、北条の会計事務所で働くことを希望する。
生意気な性格のため、北条から厳しい指導を受けることもしばしば。生前は、会計士試験の勉強をしながら、学費を稼ぐために様々なバイトをかけもちするなど、努力家の一面も。

北条

天国の北条会計事務所代表。生前は、優秀な経営コンサルタントとしてマスコミにもしばしば取り上げられる。妻の静子に先立たれてから、一人娘の恭子を男手一つで育てていた。しかし、娘の結婚式の直前に交通事故で死亡。その際、天使のKから提案された、現世復活ゲームに挑戦し、悩める5人の経営者に会計のアドバイスをして、幸せへと導く。しかし、いろいろあって生き返りを拒否。死後は、ヒマに耐えられない、という理由で天国に北条会計事務所を開業し、天国でのコンサルティングや、天使からの依頼による地上の経営者へのアドバイスを行っている。なぜか居ついてしまった天使のKと、おしかけてきたマキの2人には、ふりまわされっぱなしだが、それなりに楽しんでいる様子。

天使K

天国で働く天使。北条とは、彼が事故に遭ったときの現世復活ゲームの挑戦以来のつきあい。生き返りを拒否し、天国に来た北条に、天国でのコンサルティングを依頼。その後、北条が会計事務所を開業すると、そのまま居つき、仕事を手伝っている。天国の事情に通じていたり、未来の出来事に精通していたり、天使ならではの様々な能力があるので、北条にとって、心強い存在。
なお、天使は、生前の記憶をすべて失うため、自分が何者であったかは覚えていない。常にクールで、丁寧な口調と、なぜか執事然とした態度をとる。

COMIC 会計天国　目次

本書は、２０１３年９月に発刊された『会計天国』（ＰＨＰ文庫）を再編集し、コミック化したものです。

作画・ネーム：Manga Designers Lab.（ふれこ、アダチ）

プロローグ

天国は今日も快晴です！

HEAVEN AND FINANCIAL STATEMENTS

天国
北条会計事務所
はい…はい
わかりました

では失礼します
ガチャーン
天使
K
それにしても北条さん何も天国でも仕事しなくてもいいのでは？
働いてたほうが幸せなんだ
それに天国の会計は全然なってねー
経営コンサルタント
北条

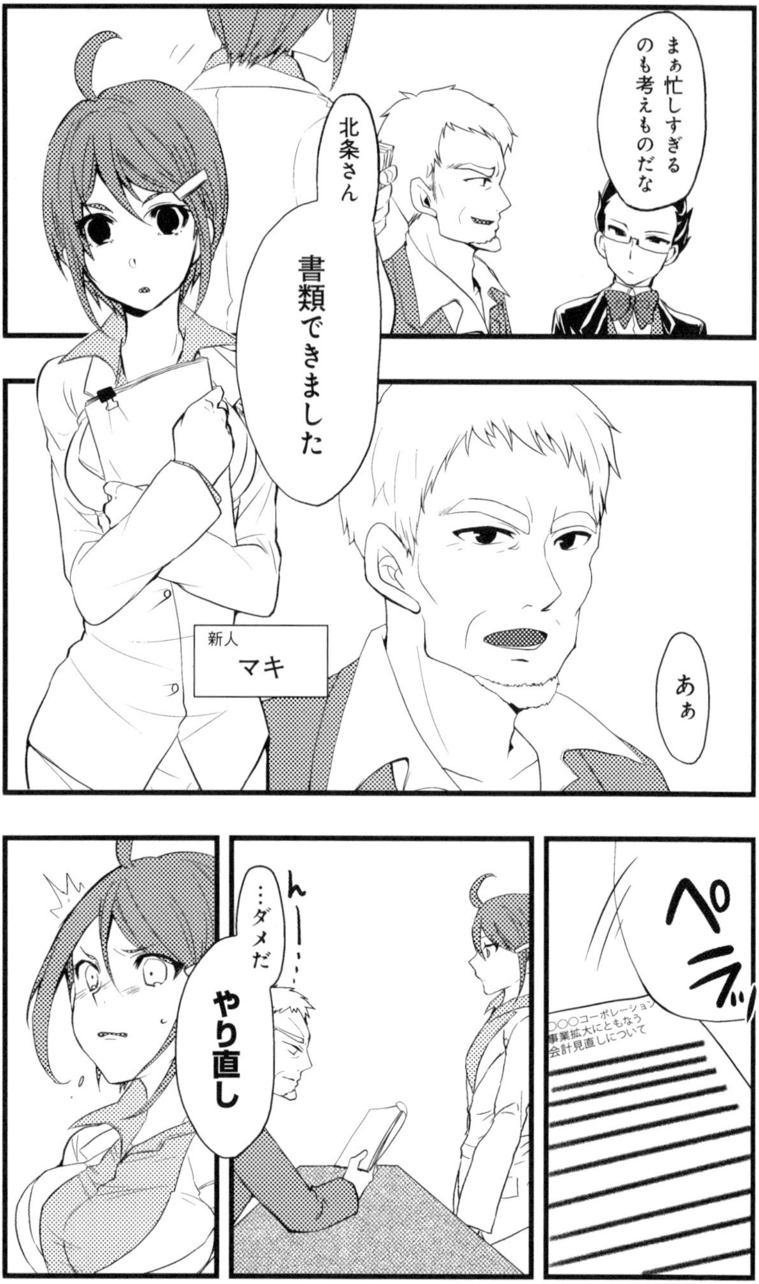
まぁ忙しすぎるのも考えものだな
北条さん
書類できました
あぁ
新人
マキ
ペラッ
○○○コーポレーション
事業拡大にともなう
会計見直しについて
んー・・・
…ダメだ
やり直し

なんでですか!?
言われた通りにやったのに!!
それじゃあ
ダメなんだよ
ぐしゃ
本にもこうするようにって書いてあります！
参考書通りにやるだけが仕事じゃねーだろ！
新人がえらそうに口答えするな!!
…
がっかりだわ

テレビで見た北条さんに
憧れて経営コンサルタントに
なろうと思ったけど
細かい仕事しかさせて
くれないし、口ばっかり
じゃないですか
ダンッ
その細かい仕事も
満足にできてねぇだろ
私はもっと大きな仕事が
してみたいんです!!
生意気言うな半人前!
…2人とも
落ち着いたらどうです?

私は…
あの2人みたいなコンサルティングをしたいの!!
!?
生きていたとき…本当に特別な経験をしたの…
それが今でも忘れられないの…

1つ目はオカマのママのバーでバイトをしてた時
いきなりママがお客さんのアパレル企業の社長に経営指南をしたこと
2つ目は掛け持ちでバイトしていた中華料理店の出前中
掃除のおじいさんがガラス会社の部長に組織のあり方を説いたこと
たったの…2回だったけど
2人共ものすごい経営コンサルティングを披露してくれたの
まるで
神が降りたみたいに

バーのオカマのママに
掃除のじいさん…？
おい…どっちもオレが
〝現世復活ゲーム〟のときに
乗り移った奴じゃねぇか…
近くに似た女が
いた気がしたが……
まさかコイツが…？
ガタッ…
まぁ…その熱い
気持ちは買ってやる
だがな
仕事を派手さで選んでる
ようじゃ一流のコンサル
タントにはなれねぇぞ
オレは少し休む
ガチャッ

バタン!
いーっだ!!
ちょっとKさん!
今の聞いた!?
えぇ
ほんっっっとあの頑固オヤジムカつく!!
ゴゴ・・・
けど北条さんは優秀ですよ
どこが!!
あなた自身がすでに認めているじゃないですか
え?

マキさんは自分がどうやって死んだか覚えていますか？
え…たしか入社式の前に交通事故で…
前にも言いましたっけ？私はどのように天国に来たのか覚えてないのです
ええ、前に聞いたわそれがどうかしたの？
北条さんはどのように亡くなったと思いますか？

え、Kさんみたく忘れてるんじゃ…
いいえ あなたと同じく
交通事故で亡くなったんです
結婚目前の一人娘恭子さんを残して
え 初めて聞いた…
そしてその死がきっかけで私と北条さんは出会った

現世復活ゲームという名のもとに
現世にて不幸になりそうな男女5人の人生を会計の知識を使い
現世復活ゲーム？
全員幸せにできれば生き返れるというゲームです

北条さんは生前も
優秀な経営
コンサルタントで
その豊富な知識と
経験を活かしてこの
ゲームに挑んだのです
でも天国にいるってことは
現世に復活できなかった
ってことでしょ？
あんな頭の固い
オヤジが人を幸せに
できるわけない！
そう思いますか？
なら研修という
名目で特別に
見せてあげましょう
パチン!!
え？ 何を…

ボンッ
まず1人目はこの男
元アイドルの経営者
加賀竜二
あ！　この人知ってる！
その知名度と人脈の広さで
自身のアパレルブランドを急成長させ
12店舗目を表参道に出店するものの…

実は部下に経営を丸投げするバカっぷり
まかせたーー!
それが祟《たた》って
社員の給与と店の家賃が
払えない
と、取締役から打ち明けられた加賀は
言われるがまま…
いつもあなたのそばに
○×ローン
ご利用ありがとうございます
ノンバンクで1千万円を借りることに
うおおおお…
え! それヤバくない!?
そう、ヤバいんです

そんなヤバい状況の経営者加賀を…
うわああああ…
北条さんは幸せにできるのか…
第1章スタート
パチン
パ…

「決算書は会社の『結果』だけを表わしているって勘違いしている奴が多いんだ。でも、決算書を分析したり内容を組み替えたりすると、実は、そうなった『過程』も分かるもんなんだ。そして、その『過程』で、意思決定が間違っていた部分を探し出して、これからの『過程』を変えてやれば、会社の将来の決算書、つまり『結果』を変えることができるんだ」（『会計天国』ＰＨＰ文庫より）

第1章

儲かっていると言われる会社が倒産する!? という不思議

貸借対照表の読み方を理解しよう

HEAVEN AND FINANCIAL STATEMENTS

おい！
それだとただの自転車操業じゃねーか!!
経営者 加賀
大丈夫 だって
また俺が新作をバシッと作ってやるから
取締役 陣内
それ売れる確証はあるのかよ！
お前に言われてノンバンクから1千万円の借金したのは俺なんだぞ！
しかも銀行からの借金が2億も…！ もっと責任持って仕事やれよ！
そんな怒るなよ～
俺たち幼《おさな》馴《な》染《じみ》だろ
うるせぇ!!

もういい!!
北条さんには経営者の加賀にアドバイスしてもらいます
彼はこのままいくと1年後に会社を倒産させてしまいます
さっきから見てたらこの加賀って奴…
全部人のせいにして…いいんじゃねーの?救わなくて
そうなると北条さん、地獄行きですよー
それに
彼に対して後ろめたいことありますよね
はぁ
～15年前　娘・恭子小学３年生～
誕生日にアイドル加賀竜二のサインもらってきてやるぞ
やったーパパ大好き
とは言ったものの…
無理だ

キュッキュッキューッ
…
ってことで
アイドル時代の加賀のファンだった恭子さんのために自分で彼のサインを書いたという過去が北条さんにはあるんです
まさか…それが俺と加賀の接点…？
そうですよ？
全くの他人じゃねぇか
北条さん落ち着いて
とにかく彼を幸せにするアドバイスをしてくださいよ～
パチン
でないと

Ms.mustache
ドサッ
ゲームオーバーで北条さんが地獄行きですよ
!?
ここは!?
制限時間は1時間
誰かに乗り移って彼を説得してください
そんな短い時間で説得するのは無理だ!!
無理なら地獄へ行きますか?
くっ…

加賀ちゃん
どうしたの～
ママぁ～
飲みすぎ～
じゃ…
あの
女の子に
乗り移るか
も～
いえ
あのオカマに
乗り移って
もらいます
はぁ!?
ワガママ言わない
でください
さぁ早く!
でも…
そもそも
どうやって…
ハァ…

早くしてください
ドカッ
うわああああああ!!!

「今理解したい！」という強い気持ちが大切

失礼しちゃう
ママ 私の名前 忘れたの？
ど忘れよ たまにあるでしょ？
マキ
私 若いから そんなことないもん！
マキよ！ 忘れないで!!
厄介そうな 娘だな…
気をつけないと
ぐちゃ〜
とりあえず決算書を…
だらしねーなー
ちょっと 見せてみて
あ〜、私が出し
いいけど どうせ 見てもわかんないよ

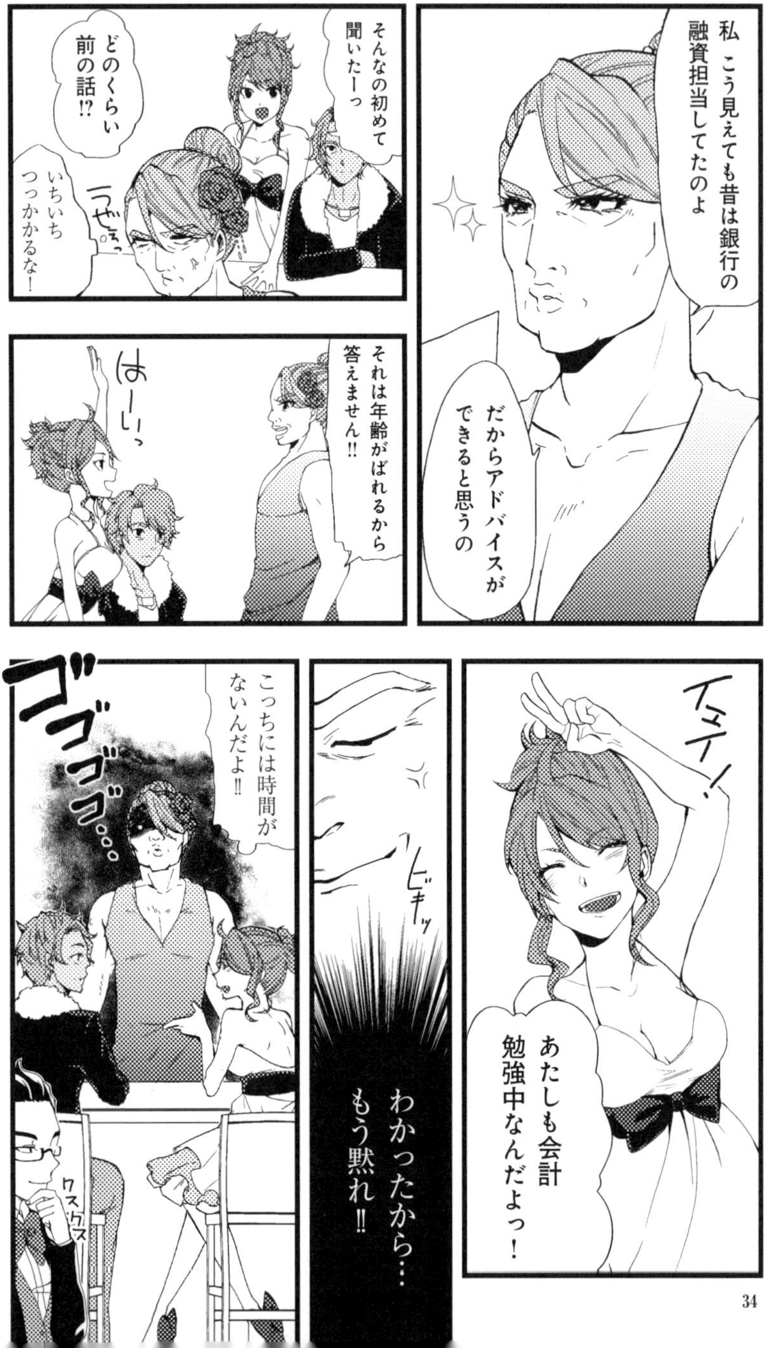
私 こう見えても昔は銀行の融資担当してたのよ
だからアドバイスができると思うの
そんなの初めて聞いたーっ
どのくらい前の話!?
うぜえっ
いちいちつっかかるな！
それは年齢がばれるから答えません!!
はーいっ
イェイ！
あたしも会計勉強中なんだよっ！
ピキッ
わかったから…もう黙れ!!
ゴゴゴゴ…
こっちには時間がないんだよ!!
クスクス

とにかく、2人共会計に詳しいのはわかった
ってことで見てほしいんだ
営業外収益
営業外費用
経常利益
特別利益
特別損失
税金等調整前当期純利益
法人税等合計
当期純利益
3,000
おかしくない!?
この損益計算書っていう書類に「当期純利益」3千万ってあるのに銀行には320万円しかないんだ…で、運転資金が足りなくて今日、ノンバンクで1千万円も借りた
あなた会社の「貸借対照表」は見てないの?
へ?たいしゃく…
何それ?
そもそも決算書っていうのは通称で
正式には「財務諸表」って呼ぶのよ
そうそう
ふーーん

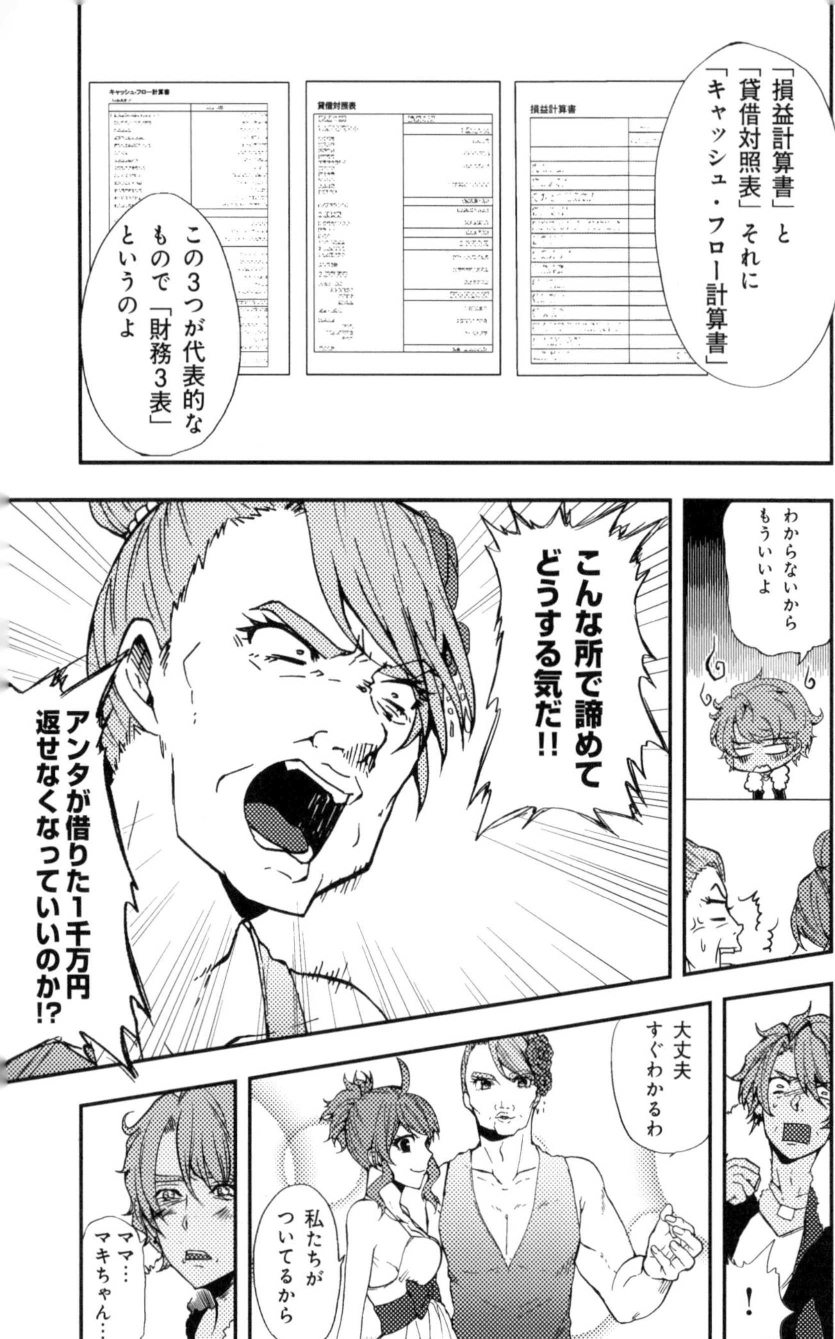
「損益計算書」と「貸借対照表」それに「キャッシュ・フロー計算書」
損益計算書
貸借対照表
キャッシュ・フロー計算書
この3つが代表的なもので「財務3表」というのよ
わからないからもういいよ
こんな所で諦めてどうする気だ!!
アンタが借りた1千万円返せなくなっていいのか!?
!
大丈夫すぐわかるわ
私たちがついてるから
ママ…マキちゃん…

わ、わかった…オレ　バカだけど
頑張ってみるよ！
その意気よ！
諦めずについてきなさい！
ステキーッ

貸借対照表を理解する秘訣は「比べる」

最初の貸借対照表
資産
現預金　2500万円
負債
借入金　500万円
純資産
資本金　2000万円
← 調達
資産合計
2500万円
一致
負債・純資産合計
2500万円
さっきの財務3表の内、今の加賀ちゃんは「貸借対照表」がわかれば十分よ！
ふむふむ
俺…簿記の知識とか全くないから…
不安だ…
心配いらないわ！「貸借対照表」を理解するには
たった4文字の事ができれば大丈夫よ！
ホント!?

く
ら
べ
る
たったコレだけ！
まず開店当時10年前の「貸借対照表」を図で説明するわね
マキちゃんだけでよかった…
オエ…
「貸借対照表」って左と右に分かれているんだね
そう、左側には「資産」の部 右側には「負債」の部と「純資産」の部があって
左右の合計金額は常に一致することになるのよ
最初の貸借対照表
資産
現預金 2500万円
負債
借入金 500万円
純資産
資本金 2000万円
調達
資産合計 2500万円
一致
負債・純資産合計 2500万円
あっ たしかに！
絶対いつも一致するの？
そう 絶対いつも

そしてこの表は右側から読むのよ!
どんな会社でも右側の借入金という「負債」と資本金という「純資産」でお金を調達することから始まるのよ
そしてそのお金は左側の「資産」に現預金2千500万円として計上されるの
最初の貸借対照表
資産 現預金 2500万円
負債 借入金 500万円
純資産 資本金 2000万円
← 調達
お店を立ち上げる
1店舗目の開業後の貸借対照表
資産 現預金 100万円 商品 1200万円 内装設備 800万円 保証金 400万円
負債 借入金 500万円
純資産 資本金 2000万円
運用 ←
← 調達
右側!
わかったぞ!会社を立ち上げるときに俺と陣内が持ってた2千万円の「純資産」と
なるほど
日本政策金融公庫から借りた500万円の「借入金」で
店舗で使う商品と内装設備を買ったんだ!
その通りよ
で、これまで加賀ちゃんが見てた「損益計算書」は1年間だけのものなのよ
そうなの!?
「売上」や「当期純利益」を計算するだけだから1年の最初はゼロからスタートするの
損益計算書
当期 (単位:万円)
売上高
売上原価
売上総利益
その他の営業収入
営業総利益
販売費および一般管理費
営業利益
営業外収益
営業外費用
経常利益
特別利益
特別損失
税金等調整前当期純利益
法人税等合計
3,000
当期純利益

それに対して「貸借対照表」っていうのは会社を設立してから倒産するまで
お店を立ち上げる
1店舗目の開業後の貸借対照表
資産
現預金 100万円
商品 1200万円
内装設備 800万円
保証金 400万円
負債
借入金 500万円
純資産
資本金 2000万円
調達
運用
資産
現預金 500万円
純資産
利益剰余金 500万円
1年間の当期純利益
「資産」「負債」「純資産」が増えたり減ったりして積み重なっていくのよ
なんだか木の年輪みたいだね～
ねんりん？
何それ？
たしかに会社の歴史が垣間見えるわね
だからもし「損益計算書」の「当期純利益」が赤字になっても
「貸借対照表」には今まで貯めてきた「純資産」とそれに対応する「資産」があるからすぐには倒産しないんだ‼
うんうん
名探偵
ん？でもそうなるとうちは赤字になったことがないから
「純資産」は増え続けてきたハズ…
やっぱり「当期純利益」の3千万円は
誰かに盗まれた⁉

まだ結論は早いわ
!

会計は発生主義で考えるべし

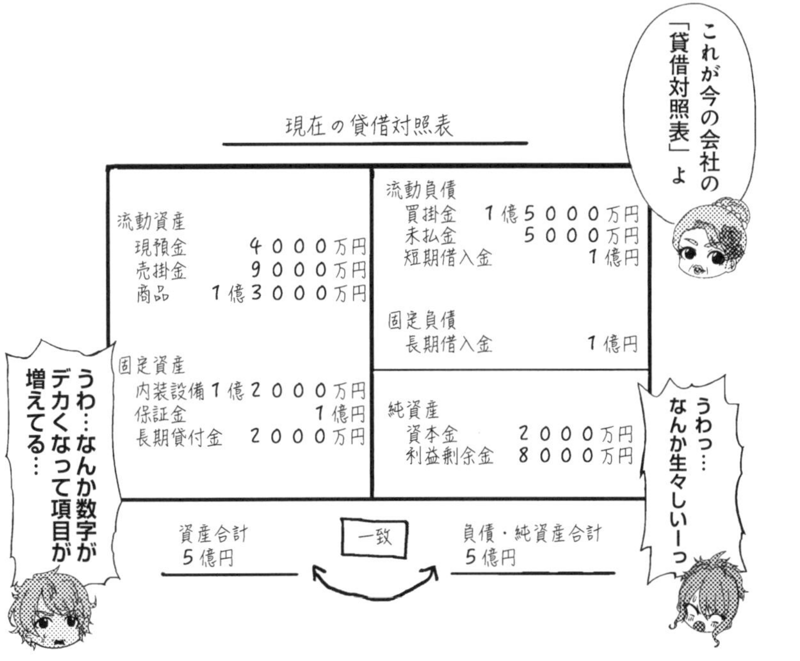
これが今の会社の「貸借対照表」よ
うわっ…なんか生々しいーっ
うわ…なんか数字がデカくなって項目が増えてる…

現在の貸借対照表

流動資産		流動負債	
現預金	4000万円	買掛金	1億5000万円
売掛金	9000万円	未払金	5000万円
商品	1億3000万円	短期借入金	1億円
固定資産		固定負債	
内装設備	1億2000万円	長期借入金	1億円
保証金	1億円	純資産	
長期貸付金	2000万円	資本金	2000万円
		利益剰余金	8000万円
資産合計	5億円	負債・純資産合計	5億円

一致

10年前と今の違いは何かわかる？
違いって…書いてある紙がコースターかA４用紙かってこと？
アホか！
あっ
「固定」とか
「流動」って言葉がついてる
その通り！
資産を「流動資産」と「固定資産」に
へー…
マキちゃんえらーい！
えっへん
負債を「流動負債」と「固定負債」に分けたの
「流動資産」は基本的に1年以内に現金化できる資産のことで
流
1年以内
現金
アパレルだと新作の商品の洋服は1年以内に販促やセールを仕掛けるから必ず現金化できるわよね
じゃあ「固定資産」は
すぐに現金化できない資産のこと？
その通り！
固
うおおおおお…
ドン…
うごかな〜い
借りている店舗の内装設備や保証金は1年以内に現金化しないし元々できないわよね

負債も同じで
1年以内かどうかで
「流動負債」か「固定負債」か
変わるわ
流
1年以内に返済
固
ど〜ん…
1年を超えて返済
ふーん
銀行からの
借り入れにも
短期と長期が
あるのか
え!!
今さらっ
う〜ん
ところでこの
「未払金」って言葉…
あんまり好きじゃ
ないんだよね…
なんか金払ってないみたい…
しょうがないでしょ
この決算書の時点
では本当に支払って
ないもの
でっ でも〜
決算書は「発生主義」で作る
というルールがあるのよ
支払ったときではなく
発生したときに経費になるの!
発生主義
そして支払いだけが後になるものは
「貸借対照表」に「未払金」として
計上されるのよ!

レジでお客のクレジットカードを通したらすぐに「売上」は計上するけどカード会社からの入金はあとでしょ
いらっしゃいませー
カードで！
その時、レジで接客した社員の給料は翌月支払うけどこれを経費にしなかったらどうなると思う？
そりゃ売上だけ上がって経費がないから…
すごい利益が出ちゃうね！
そうでしょそしたら…
未払い金がないとすごい利益に税金がかかるのよ！
未払金
げっ
そうか税金が安くなるなんていや～「未払金」っていい響きだなぁ～
LOVE
未払金
やっぱこいつバカだ…
いい？売上は売ることが確定したときに
OK?
はーーん！
で
経費は支払うことが確定したときに計上するのよ！

いよいよ「くらべる」を実践！

①流動資産と流動負債を比べる
②純資産と負債・純資産合計を比べる
やることはこの2つだけなのよ
カンタン！
これだけなら俺にもできそう
2つの違いは何なの？

現在の貸借対照表

流動資産		流動負債	
現預金	4000万円	買掛金	1億5000万円
売掛金	9000万円	未払金	5000万円
商品	1億3000万円	短期借入金	1億円
固定資産		固定負債	
内装設備	1億2000万円	長期借入金	1億円
保証金	1億円	純資産	
長期貸付金	2000万円	資本金	2000万円
		利益剰余金	8000万円

① 合計2億6000万円（流動資産）
① 合計3億円（流動負債）

資産合計 5億円 ⇔ 一致 ⇔ 負債・純資産合計 5億円 ②

①は短期的な

②は長期的な会社の財務状況が健全なのかをチェックするのよねー

じゃあママ達さ実際にどうなれば健全って言えるの？

まず①だけど、「流動資産」よりも「流動負債」が大きくなっていると短期的にアウト
つまり倒産ってことよ
負債 大
流
資産 小
流
倒産
流動資産
2億6000万円
流動負債
3億円
ウチの場合は…
全然ダメじゃん！
だからノンバンクで借りることになったのよ
簡単でしょう？
ノンバンク
流
どっしり
しかも
今回の借入金は当然「流動負債」になるわ
ちょっと待ってよ
「当期純利益」の黒字が「純資産」に足されて使える「現預金」が増えるって言ってたのに
なんでこんなに「流動資産」が少なくなっちゃったんだよ――!!
「流動資産」が少ないんじゃなくて「固定資産」が多いのよ！
いい？
ここからが重要な話よ！
耳の穴かっぽじってよく聞いて？
耳の穴をカッパ汁？
ザクッ
ちがーう！

ほら、この「固定資産台帳」を見ると
いつ内装設備を買ったのかわかるでしょ
表参道店内装設備３０００万円
＋
保証金２０００万円
＝
計５０００万円
この間オープンした表参道店の内装設備に3千万と保証金2千万ね
このとき 銀行からお金は借りなかった？
銀行の担当者から融資できる上限が2千万って言われてたから…
残りの3千万は会社のお金を使って…
ああ
ビクッ
なっ なになに??
消えた「当期純利益」の3千万円はここで使ったんだ！
あはは～
犯人は俺だ！わかったぞ——!!
ついに謎がとけたー
ママの言う通り貸借対照表を見れば一発で答えがわかるんだねーっ！ありがとーっ！
わ———いっ
うん、でもね「流動資産」と「流動負債」の差額の4千万円は足りないままなのよ…
男ってホントバカよねー

固定資産を買っても、一度には経費にならない

ここで問題！
1年目の売上が1千万円だとしたら経費はいくらくらいだと思う？
そりゃトラック代の1千万があるし
ガソリン代とか高速代とか考えると1年目は赤字になるな
仮に、トラック代が1年目の経費になったとするわ
加賀運輸
売上UP
2年目もトラックが壊れるわけじゃないから売上が上がるわよね
すると、儲かっている加賀ちゃんを見て、友達の陣内さんも運送会社を始めようと考えたとするわよね
オレも〜
マネするなー！
ただ、加賀ちゃんは起業時に1千万円を持ってたから大型トラックが買えたけど
陣内さんは500万円しか持ってなかったから最初に大型トラックは買えないの
買えない…
銀行にお金を借りるとか？
うんうん
うん、その方法もあるわね
でも発想を変えてレンタルでもいいでしょう？
それで陣内さんも1年目の売上が1千万円だったとするわよね
レンタル
売上1000万円

ガソリン代などの経費は同じでも大型トラックは買っていないからレンタル料しか経費にならない
そしたら1年目から利益が大きいわね
黒字
赤字
じゃあオレが不利ってことー?
逆よ!!
利益のある陣内さんは1年目から税金を支払うから加賀ちゃんの方が得なの!
でもね同じトラックを使った運送会社で、売上も同じなのに利益が違ったらおかしいでしょ?
たしかにー!
あれ?ママヒゲはえてない?
でも…実際お金を使って買ってるんだし、不公平だよ
お金持ちが税金を支払わなかったら格差社会はさらに広がるのよ!!
格差
NO!!
そんなこと言われても…
あっじゃあさ!

分ける!
俺の運送会社が買った大型トラックの1千万の車両価格を分割して経費に計上すれば…
公平になるんじゃないの?
そう!今言ったことが「減価償却費」の意味なのよ!
会社が買った「資産」の種類によって長期的に売上に貢献するって判断されると分割して経費にしなくてはいけないの
じゃあ大型トラックなら10年くらい?
1000万円÷10年
勝手に会社で決めたら自由に経費を計上できちゃうわ
だから税法で「固定資産」の使える年数「耐用年数」を決めてるの
会社はその期間で「減価償却費」を計上していくの
机　15年
コピー機
5年
パソコン
4年
ママ無期限♡

税金を支払わないと借金は返せない

ねぇ この「減価償却費」って どう計算するの？
この2種が わかれば十分よ！
定額法…固定資産を買った金額×償却率
定率法…(固定資産を買った金額－前期末までの償却費の累計額)×償却率×２倍
償却率＝１÷耐用年数
漢字ばっか!!
なんか難しそう!!
大丈夫！ この式に数字を当てはめるだけよ!!
表参道店の内装設備なら 金額３千万円 耐用年数は10年で いいわよね
定額法だと 1年で300万円
定率法だと 600万円になるんだ！
定額法
3000万円×0.1＝300万円
定率法
(3000万円－０)×0.1×２＝600万円
これだと節税 できる「定率法」を みんな選ぶんじゃ…
少なくてすむよー
決まりが なければね
でも税金を取るために 「定額法」しか選べない 「固定資産」を決めてるの
代表例は建物ね
内装設備は… 「定率法」？
そうじゃないの？
内装設備は 定率法を使えるわ
でも１年間ではなく 固定資産を使った月数で 計上しなきゃダメよ
ふ～ん…

表参道店は決算書から2カ月前にオープンしたから…
100万しか経費になっていないわね
たった100万
ばっ
じゃあ2千900万が経費として認められないから税金の支払い対象じゃん!
そういうことね。内装設備を買っていても経費として認められないし税金まで支払うんだから…
お金はないわねぇ
同情するなら金よこせ
でも…まだ納得できない! 会社はずっと黒字だったんだから今回の「当期純利益」を使っていても…
むむ…
過去の「当期純利益」に相当するお金があるんじゃ…
でも そのお金も店舗出店のために使ったんじゃない?
だとしてもお店の内装設備は「減価償却費」としてお金を支払わない経費になるんだから お金は貯まるはずじゃん
ましてやウチの店は飲食店みたいに汚れないから 頻繁に店舗の大改装もないし…
いいとこに気づいたじゃない
シャッ…
あっ
新しいコースター

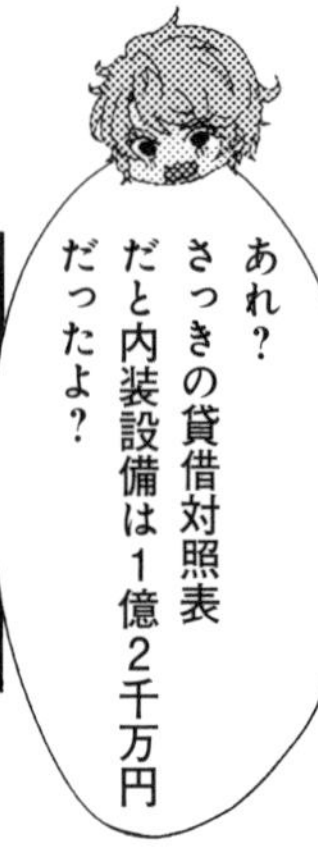
あれ？
さっきの貸借対照表
だと内装設備は1億2千万円
だったよ？

内容が簡単に
なってる〜

固定負債と純資産で固定資産を買う

固定資産 内装設備　1億円 保証金　1億円	固定負債 長期借入金　1億円
	純資産 資本金　2000万円 利益剰余金　8000万円
合計　2億円	合計　2億円

一致

まずは説明を
聞いてちょうだい

この図でも左右の
合計は一致しているわね
でも左側の「固定資産」
ってずっと2億のまま
だと思う？
さっきの減価償却って
方法で規則的に減って
いくんじゃ…
そうね
でもすべての固定資産を
減価償却するわけではないの
例えば、ここの保証金
1億って、店舗を出すとき
大家さんに差し入れる
ものよね
これって店舗を閉めるときに
大家さんから返還されるから
減価償却しないの
大家
どーぞ…！

じゃあ内装設備の1億だけが減価償却費になるってことね
保証金×
内装設備○
わかりやすく計算して1年間の減価償却費を1千万とするわよ
1億÷10年
↓
1000万
そのとき 右側の合計2億円はそのままだと思う？
それはないよ～
銀行からの長期借入金1億円は返済しなくちゃね
それって5年間での返済だったでしょ？
1億÷5年
↓
2000万
1年で2千万減っていくわ
つまり
左右で減っていくスピードが違うの
10年≠5年
内装設備
長期借入金
1年で1000万円多く減る
ではルールに従って両方を一致させるためにはどうしたらいいと思う？
内装設備
長期借入金
ピッタリ
たしかに…
固定資産の減価償却費は税法で…借入金の返済期間は銀行との契約で決まっているし…
あとは純資産を増やすしかないなぁ…

そうよ「資本金」は増えないから「当期純利益」で調達するしかないわ
BANK
ここで問題が2つ
1つは銀行に2千万円を返済するとき1千万円は減価償却費として貯まったお金が使えるけど残りの1千万円は経費にならないの
だから利益に対して40%の法人税を払ったあとの「当期純利益」で調達したお金を使うことになるの
えええ～
つまりっ
利益を出して税金を支払わなければ借金が返せない!
2つ目の問題は「当期純利益」で左右の差額を調達できない場合よ
それでも左右は絶対一致させなきゃいけないから…銀行からお金を借りるしか
う～ん
あ～っ!!
だからノンバンクから借りることになったの??
そう
え、でも借金返済のためでなく給料や家賃の支払いで借りたわけだから…
銀行に返済するお金が調達できなかったわけでしょ?
どうかな～?
!
それでも貸してもらえるかしら?

この図は理解しやすいように内装設備と長期借入金の両方を一致させたのよ
固定負債と純資産で固定資産を
固定資産
内装設備 1億円
保証金 1億円
固定負債
長期借入金
純資産
資本金
利益剰余金
一致
合計 2億円
合計 2億円
実際の貸借対照表では内装設備は1億2千万円あるから一致しないわ
固定資産
内装設備 1億円
2000万円のはみ出し
計 2億円
はみ出した2千万円の内装設備は短期借入金を使って買っていたことになるわ
でもこれって運転資金にすべきなの
2000万円足りなーい
内装設備
1億2000万円
短期借入金
※運転資金
だから運転資金をノンバンクに借りたのか〜
銀行はね、「固定資産」に投資するために借りに来た会社は「当期純利益」がないと返済できないって知っているわ…
だから決算書が黒字かチェックするの
それでみんな銀行からお金を借りるため税金を支払っているの…
税金

借りたお金を何に使っているか、貸借対照表でバレてます

①は終わったから次は②の「く・ら・べ・る」をチェックしてみましょう
式はコレ!
自己資本比率
=
純資産の金額
÷
負債・純資産の合計金額
さんせー
今の会社の純資産の合計は1億で、負債と純資産の合計が5億だから自己資本比率は…
20%ね
ふむふむ…
えっ
20%!?
ふーん それって平均的な数値?
理想は50%だけどまあ30%が確保できていればいいと思うわ
50%(理想)
30%
20%
OUT
短期だけでなく…長期的に考えても会社はヤバいってことか……!
へなー
銀行は貸し付ける会社が長期的に安定しているのか判断するの
貸したお金が回収できなくなっても税務署は補填《ほてん》してくれないでしょ?
よーしよーし
あと実は表参道店を出すときに銀行が2千万円しか貸さなかった理由がほかにもあるのよ
なになに!? きまたーいっ
え!!

コースターには「固定資産」に内装設備と保証金だけしか書かなかったけど現実は違うのよね
どこどこ～？
貸借対照表をよく見て
当たりー！
「固定負債」と「純資産」の合計よりも「固定資産」は4千万円も多かったの！つまりこれが「流動資産」と「流動負債」の差額ってことね
4000万っ
もしかしてここにある…長期貸付金2千万円のこと？
固定資産
内装設備 1億2000万円
保証金 1億円
長期貸付金 2000万円
資産合計
え？ 待てよ… その貸付金って誰に貸してるんだ…？
社員？
陣内？
これを見ればわかるわ
ホント!?
貸付明細書
えーと
「加賀竜二に貸付2千万円」って
俺かーい
ずごー

話は変わるけど加賀ちゃんって毎月飲み代にいくら使ってる？
やーねー 酒豪はー
やーねー
うーん ここ5年くらいは平均で100万くらいかな？
うーん
もちろん自分の給料から支払ってるわよね？
いやいや〜
陣内から給料とは別にもらってるよ
うわぁ…
給料は服とか家賃で使っちゃうよ〜
まさかその領収書って会社の経費に…？
いや、女の子と飲むと酔っぱらって失くしちゃうからなー
まぁ1年で使える経費は決まってるみたいだからいいけどね…
豪遊
チカちゃ〜ん
仕事に関連したものしか経費にならないわ！
それに交際費は税法で1年間800万までって決まっているの

1年で1千200万
うち経費が800万で
差額は400万ね
それを5年間だから…
わぁ
貸付金の2千万にドンピシャ!
あちゃー
「あちゃー」じゃないでしょ
だから銀行は2千万しか貸してくれなかったのよ
銀行ってそんなお金の使い道まで見てるの?
フーーッ
じゃあ加賀ちゃんはお金を貸すとき使い道聞かないの?
うぅ…
でも俺への貸付金は純資産からって考えればいいだろ
そんな都合よく銀行は解釈してくれないわよ
ぷかぁ
その証拠に返済期間も5年と短いし金額も足りないじゃない
自業自得よね〜
2人共ひどい!

増資で純資産を増やせば、本当に一石二鳥なのか

とにかく「流動資産」と「流動負債」の差額4千万円と
ノンバンクに借りた1千万の返済をどうにかしなきゃね～
スパァー
大丈夫だよ表参道にお店もできたし
陣内に新作を作ってもらえば…
たばこくさ…
前期より売上が増えても家賃が高ければ利益は比例しないわ!!
それに自社製造じゃないから商品になるまで時間がかかるでしょ!
意思決定を誤れば
破産
ええ!?
加賀ちゃんの会社はギリギリなのよ!
あっそうだ!
資金繰りを改善するためには「純資産」を増やすんだよね？
それって「資本金」で調達してもいいんだよね
借入金みたいに返す必要がないから使えるお金が増えるし、自己資本比率が高くなれば銀行からも長期借入金としてお金を調達できる!
イエーイ
一石二鳥

そうね、資本金が増えれば一気に解決できるわ
昔のタレント仲間から会社に出資してもいいって連絡がくるんだ
ふーん
お金を借りるのは恥ずかしいけどさ
なんかせこーい
経営に参加させてやるって名目で出資させるなら無借金でお金が調達できるんじゃないかな
あっ でも純資産の合計1億だから1億出資させてしまうと第三者の比率が50％になっちゃうんだよね？
あら、よくわかってるじゃない
勉強したからねー
会社で重要なことを決めるときは3分の2以上の株主の賛成が必要なんだよねっ
そんなことなら心配いらないわ まず、1株5万円で会社を作っているみたいだから…
えぇー また図表？
現時点では400株が発行されていることになるわ

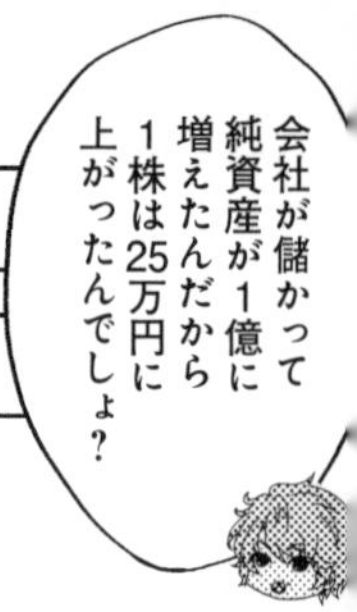
会社が儲かって純資産が1億に増えたんだから1株は25万円に上がったんでしょ？

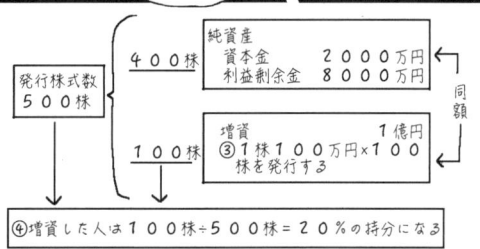

①最初は資本金２０００万円÷５万円＝４００株を発行

↓

②今は純資産１億円÷４００株＝１株２５万円の価値

株価は自由に決められるのよ

でも25万というのは過去の当期純利益が積みあがった純資産を元に計算したわけだから
今後の儲かる可能性を加味して株価を上げてもいいのよ
そっか!!
あくまで可能性ー!

発行株式数
５００株

４００株
純資産
資本金　２０００万円
利益剰余金　８０００万円

同額

１００株
増資　１億円
③１株１００万円×１００株を発行する

④増資した人は１００株÷５００株＝２０％の持分になる

ほほーう

1株100万にすれば100株で1億になるわ
加賀ちゃんたちの400株と合わせて全部で500株にしかならないでしょ？
ふむふむ

1億出資した人たちでも持ち分は20％ってことね
なーんだ
たった20％なら大丈夫だね

さっそくお金を貸してくれる人に電話だ〜
あっ もしもしー オレだけど
ちょっとお待ち!!
出資した人への見返りはどうするの!?
見返リハンサム
え? 見返り??

ハイリターンでなければ、ハイリスクを覚悟したお金は調達できない

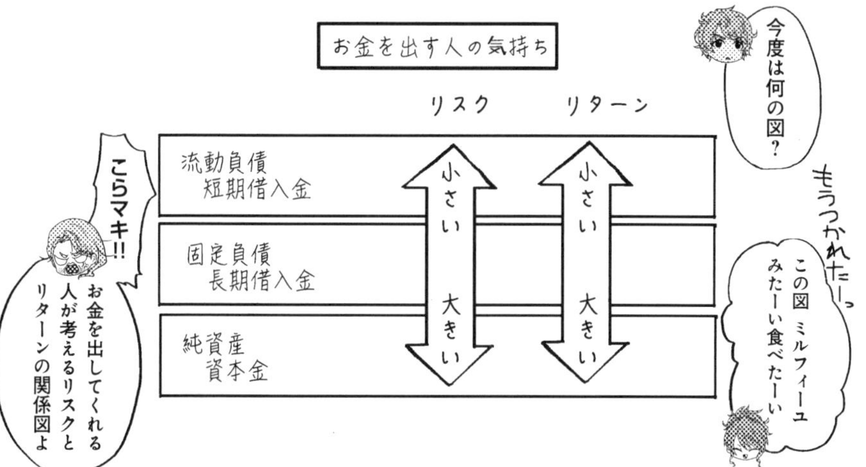
お金を出す人の気持ち
リスク
リターン
流動負債
短期借入金
固定負債
長期借入金
純資産
資本金
小さい
大きい
小さい
大きい
今度は何の図?
もうつかれたーっ
この図 ミルフィーユみたーい食べたーい
こらマキ!!お金を出してくれる人が考えるリスクとリターンの関係図よ

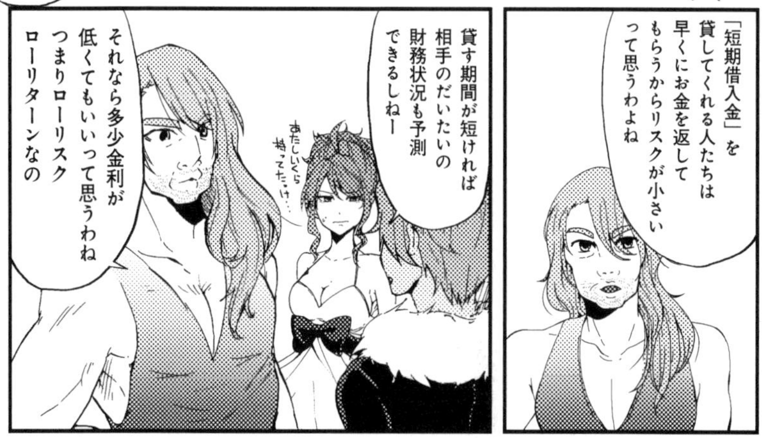
「短期借入金」を貸してくれる人たちは早くにお金を返してもらうからリスクが小さいって思うわよね
貸す期間が短ければ相手のだいたいの財務状況も予測できるしねー
あたしいくら持ってたっけ…
それなら多少金利が低くてもいいって思うわね つまりローリスクローリターンなの

じゃあ逆に資本金を出して株主になる人たちはどう？
ん～　株だからいつ元本がもどってくるかわからないし…未公開会社の株なんて売るのも難しいだろうなぁ…
リスクが大きければ見返りも大きくなきゃ出資なんてしないでしょ？
たしかに
うんうん
じゃあ株主に配当することで高リターンを返すってのは？
それはダメね
だって配当は法人税を支払った後の「当期純利益」から出すのよ
それは銀行に返済したり新しく出店するために使うんだから配当に回したら増資した意味がないわ
じゃあどうすれば～
ねっ!!
上場を目指すしかないわ!!
株主は証券市場で株を自由に売れるから元本が回収できないリスクは小さくなるし株価も今より高くなるから十分なリターンよ！
ひゃあぁっ

なるほど・
上場目指せば お金を出す人も納得かー
ただし上場するなら「貸借対照表」でクリアしなければいけない「く・ら・べ・る」がもう一つ増えるのよ
く・ら・べ・る
必要なら教えて!!
上場しないだろうけど…いいわよ
ひどいっ
「当期純利益」と「資産」合計を比べて計算するの
総資産利益率＝当期純利益÷資産合計
加賀ちゃんの場合は当期純利益3千万資産合計5億だから6%になるわね
この数字が低いと上場できないの…？
ひぃ…
？
そういうことね平均は5〜6%くらいね
ホッ
じゃあ大丈夫じゃん
安ずるでないー!!

これって利益率だけの問題じゃないのよ
えっ
2千500万で会社を始めて1年目の利益は500万もあったから「総資産利益率」は20%だったのよ
でも500万の利益じゃ上場できるハズないわよね
利益
利益の金額自体も大きくしなきゃいけないの例えば最低3億の利益が必要と言われたら
今の10倍になるわね
利益10倍
はるかかなた…
10倍か…
OEM製造によるアパレル会社というビジネスモデルだと…店舗という固定資産を増やして
3億の利益にするためには最低50億の資産合計が必要！
これに対しても自己資本比率30%を達成するなら15億の純資産が必要よね
あちゃ〜
今の純資産の15倍最低でもこの額が必要だから不可能な数字だわ…

ねぇ…バカな経営者でも
上場目指していいんだよね
別にいいわよ
でも今のビジネスモデル
だと1億集めることさえ
難しいと…
ちょっとキツイこと
言い過ぎたか？
あっ
ぱあああっ
いいアイデア浮かんだ!!
これなら一気に
稼げる！
ダッ
俺のサクセス
ストーリーだぁ
あっ
!!
まだ話が…
カランコロン
はーい
時間でーす

チッ
ちょっと加賀さん!
お勘定がま…だ…
くらっ
すー
すー…
なんだ?
眠ったのか?
いくら私のことが
見えなくても
起きていられたら
いろいろ面倒なんでね
てめぇ
よくも…
まぁまぁ
ぐお～

決算書には、経営者の意思が反映される

あ〜
俺も寝ちまいてぇ〜
つかれたー…
もう寝てるようなもんでしょ
とにかくお疲れ様でした
あ〜
失敗したなぁ…
あんなバカ、上場できるわけねぇよ
とりあえず結果を見ましょ
ポーンッ
パチン
何だ そのモニター
これは未来をのぞけるTVです
パッ

上場を応援してくれた皆様 そして社員のみんな
本当にありがとう
…ありえない……
上場したんですね
わが社の主力商品である フェアトレードのブランドを さらに強化していきます！
今はアフリカ工場で 商品の60％を作っていますが 工場を新たに建て 1年間で…
フェアトレード 発展途上国で適正価格で 商品を作ってもらい先進国で 販売するビジネスですね
なるほど これなら利益率は 上がりますね
あいつ…… 新しいビジネスを 自分の頭で考える ことができたんだな
CALL
はいはーい わかりました 本人に伝えます

天国の未来局から連絡が来ましたー！
加賀さんの未来が「幸せ」と認定されました！
俺のおかげじゃないと思うんだが
社長である自分の意思が大事だと気がついただけでも彼の人生にプラスです
たしかに決算書は勝手に作られるものじゃなくて どのようにお金を調達して何に使うのか
経営者の意思が反映される
決算書は読んで理解するものではない
作り出すものだ！

❶ 会社の資金繰りを見る

損益計算書は、会社の1年間の事業活動の成果を表しています。具体的には、売上という収入から、経費という支出を差し引いて、利益を計算しているのです。いわば、1年間で、どのくらいのお金を稼ぐことができたのかがわかります。

一方、**貸借対照表は、過去に稼いだ利益が何に変わったのかを、決算日において表しています。**

会社は事業活動を行っているので、儲かったお金を貯金するのではなく、それで商品を仕入れたりします。決算日に、在庫で残っている商品は棚卸資産、使っている内装設備は固定資産として、貸借対照表に計上されることになります。

また、過去に稼いだ利益だけでは、会社の事業活動のお金が不足することもあります。そのときには、銀行からお金を借りてくることになります。これも貸借対照表に計上されます。

このとき、貸借対照表は、項目をまとめて表示してくれています。まずは、お金の調達を表す貸借対照表の「右側」は、最初に出資した資本金と過去に稼いだ利益の累積を合計して、「純資産」と計上しています。この純資産は返済する必要がありません。そして、銀行から借りて、今から1年以内に返済するものを「流動負債」、1年超をかけて返済するものを「固定負債」として計上しています。

この3つの方法で調達したお金の使い道が、貸

〈貸借対照表〉

流動資産	流動負債
	固定負債
固定資産	純資産 資本金 利益の累積

「流動資産－流動負債」がマイナスになるとピンチ！

借対照表の「左側」に表示されます。そこは、1年以内にお金になる「流動資産」と1年超をかけてお金になる「固定資産」に分かれています。ということは、「流動資産－流動負債」がマイナスになると、1年以内に会社が支払うお金が超過するので、倒産してしまいます。

これをプラスに変えるためには、①固定資産を売却して、流動資産に振り替える、②流動負債の借入金の条件を変更して、固定負債に振り替える、③利益を増やして、返さなくてもよい純資産を増やす、この3つの方法しかありません。

またマイナスでないとしても、だんだん「流動資産－流動負債」が小さくなってきているならば、年々、資金繰りが悪化していることになります。猶予期間は1年間しかないので、すぐに経営を抜本的に変える努力が必要です。

❷ お金を使っても経費にならない

固定資産は買っても、すぐには経費になりません。

　例えば、1000万円の売上があり、このお金で1000万円のトラックを買っても、全額がその年の経費になることはありません。もちろん、トラックは会社の事業活動で使っています。

　というのも、会社はその買った年だけ、トラックを使うのではなく、翌年以降も使い続けて売上を上げるからです。

　そのため、売上に対応してトラックを経費にしなければ、最初の年だけ利益がゼロとなり、その後の年では利益がプラスになってしまいます。これでは会社の事業活動を損益計算書が正しく表さないだけではなく、税金の支払いも、後まわしにできてしまいます。

　そこで、固定資産は減価償却費という項目で、毎年、少しずつ経費になると決められているのです。このとき、やはり会社が減価償却費を自由に計上できたら、税金を支払いたくないので、1年目にすべてを計上してしまうでしょう。

そこで、税務署が、固定資産ごとに償却する年数（耐用年数）と償却方法を決めているのです。

　ということで、売上から支出した経費と減価償却費を差し引いた利益に税金がかかります。この減価償却費に相当するお金は、税金がかからずに、会社の中に残ることになります。

〈固定資産は、少しずつ経費になる決まり〉

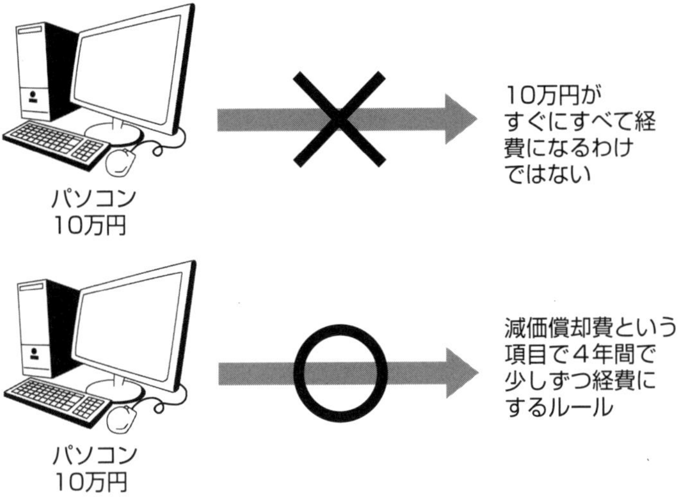
パソコン
10万円
10万円が
すぐにすべて経
費になるわけ
ではない
パソコン
10万円
減価償却費という
項目で４年間で
少しずつ経費に
するルール

ところが、会社が過去に稼いだ利益からではなく、銀行からの借入金で、固定資産を買うこともあります。

「借入金の返済期間＜耐用年数」であれば、売上から減価償却費を差し引いたお金だけでは、返済できないことになります。

つまり、利益から税金を差し引いて、残ったお金も使って返済していくことになるのです。

銀行が「借入金の返済期間＞耐用年数」としてくれれば、無駄な税金を支払わずに、減価償却費で貯まったお金で返済できます。

ただ、通常はそこまで返済期間を延ばしてくれることはあり得ません。

そのため、会社は銀行からお金を借りて、固定資産を買うと、税金を支払わないと、返済できないことになるのです。それを前提に、資金繰りを考えておく必要があります。

❸ 資本金を増やすと会社は安定する

増資してもらうと、資本金が増えて、貸借対照表の純資産の項目が大きくなります。純資産として調達したお金は返済する必要がありません。

そのため、会社の資金繰りはよくなります。「自己資本比率＝純資産÷負債・純資産合計」が高くなることは、銀行にとっても安心材料になるので、返済期間の長いお金を貸してくれることにもつながります。

ただ、資本金を出資してもらうときには、注意点が2つあります。

（1）資本金を出資する人たちは議決権を持つ

現在、資本金が2000万円（1株5万円で400株を発行）、純資産が1億円（利益の累積が8000万円）の会社に、新しく1億円を出資した人がいた場合、その持分が、必ず50％になるわけではありません。1株をいくらで出資してもらうかは、お互いの話し合いによるからです。この会社が、新たに出資する人に対して、1株100万円で株を発行したとします。

とすると、1億円を出資しても、100株を所有するにとどまり、もともと400株が発行されていたので、「20％＝100株÷500株」の持分となります。

このように、会社が発行する株価は自由に決めることができます。

それでも、20％の持分の株主は、経営に口を出

〈資本金を出資してもらうときの注意〉

①資本金を出資する人たちは議決権を持つ

反対！
賛成

②ハイリターンを約束しなければならない

で、何をくれるの？

す議決権を持ちます。資金繰りのためだけに、安易に出資してもらえばよいわけではありません。

（2）リターンを約束する

資本金で出資してもらったお金は、返済する必要がありません。

一方、出資した人は、その会社にお金を寄付したわけではなく、投資したはずです。返済されないかわりに、その株を売却してお金を回収しようと考えます。

ただ、未公開会社の株は、通常は売れません。そのため、上場を目指して、投資家がお金を回収できる機会を作ることになります。もちろん、すべての会社が上場できるわけではありません。

つまり、未公開会社に出資してもらうということは、投資家にとってはハイリスクになるため、ハイリターンを約束しなければいけないのです。

「決算書は勝手に作られるもんじゃなくて、どのようにお金を調達して、それを何に使うかという経営者の意志が反映するものなんだ。つまり、決算書とは読んだり、理解したりするもんじゃなくて、作り出すものなんだよな」（『会計天国』ＰＨＰ文庫より）

第2章

サラリーマン必読！部長課長が同期との競争を制して、出世する秘訣

部署の損益計算書を作れば、部下のモチベーションアップも思いのまま

HEAVEN AND FINANCIAL STATEMENTS

コラっ
やめろ!!
社内で取っ組み合いのケンカをしたなんて前代未聞だぞ
一課
桜井
二課
藤島
原因はなんだ?
桜井が二課の悪口を言ったからです
イチャモンをつけてきたのはそっちだろ!?
第一営業部の主力商品はガラスだが、桜井のとこは大手ゼネコン、藤島のとこは中小建築会社だから
営業する相手もやり方も違うのに…
部長
一課 大手ゼネコン
マンション
二課 中小建築会社
一戸建て
第一営業部部長
大塚

バチバチ
なぜ干渉し合うんだ…
しかし部長、一課の営業方法は本当に正しいんでしょうか
リベートを渡してノルマを達成するやり方には納得できません
ツー
待てよ！
地方でのんびり提案営業をしているほうが問題だろ！
企画書作る時間も人件費もばかにならねぇ！
けれど二課のほうが確実に利益は取れている
いいかげんにしろ！
ビクッ

「上司の仕事」を勘違いしている困った上司

お前らももう部下を持つ課長なんだからしっかりしてくれ！
典型的なダメ上司だな
え？　どういうことですか？
部長の仕事を勘違いしている
営業は実践第一
現場主義って言うヤツにかぎって勉強しないからな

で、あの大塚って上司にアドバイスするわけだな？
おっしゃる通りです
今までは取引先のゼネコンが急成長したので、うまくいっていましたが
このあとは業績を伸ばせず部長職を外されます
3年後には部下もいなくなり 鬱《うつ》病になって飛び降り自殺を…
それは気の毒すぎるな…
で、オレとの接点は？
ありゃー
ありません
何？

しかしこれから乗り移るあの人とは接点があります
あのじいさんは…
!
あの人は数年前まで質屋の社長でした
けれど不渡りを出してしまい質屋は倒産し、今ではオフィスの清掃係をしています

オレ、その質屋で静子…かみさんに指輪を買ったことがあるな
最初は銀座のデパートで買ったことにしていたんですよね
それなのに背広に入れていた質屋の領収書でバレるなんて北条さんもツメが甘いですね～
なんでそんなことまで知っているんだ!?
すべてを知っている天使だからですよ
まぁとにかく
ドゴッ
早く行ってください
またかよ!!

売上を伸ばすことと、利益を稼ぐことは、まったく違う

それはありがとうございました!
サ サッ
よろしければ詳しく聞かせてもらえますか?
よっこいせ
あんな血気盛んな部下を持つと気苦労が多いじゃろ?
ええ でもそんな部下の面倒を見るのが上司の私の仕事ですからー
どうぞ!
ほー それはまた面白いことを言うなぁ
えっ
じゃあ おじいさんは上司の仕事は他にもあると思ってるんですか?
もちろん仕事のテクニックを教えたり
ズズー
モチベーションを上げたりすることも大切な仕事だと思う
だが、本当に大切な仕事は…
「利益を稼ぐこと」なんじゃないのかね?
¥

ずいっ
自分の部署の「決算書」はちゃんと作っているのかね？
けっ 決算書!?
ずいずい
売上目標だけでなく
部署の利益を意識して営業したことはあるかね？
あんたの部署は、ガラスを売って、その売掛金を回収したお金で新しいガラスを仕入れて売るという循環になるんじゃろ？
商品
(ガラス)
売る
買う
売掛金
その過程で利益を無視して経費を使ったり売掛金を回収できなかったりすれば
ビジネスは破綻してしまう！
……
だからこそ 部署の「決算書」を作ることが必要なんじゃないかね？
おっしゃるとおりです……
私は今まで売上目標ばかり気にしていました…
そうじゃろ

サラリーマンが会計を知らなきゃいけない本当の理由

出前でーす
!!?
福福飯店
あ
そういえば
ケンカしてた2人を
なだめようと
ラーメン3人前
頼んでたの
忘れてた！
福福飯店
なんでオカマバーにいた
マキってやつが…
中華料理屋の出前を
してるんだ⁉
2人分余ったし
マキちゃん食べて
いきなよー

じーー・・・
何？
私の顔に
何かついてる？
いやー 初めて見る
顔だと思ってのー
何言ってるの？
おじいちゃん
ウチの店の
常連さんじゃない
？
どてーん
そうじゃった
最近ボケて
きてのー
モ〜
今からおじいさんに
決算書の作り方を
教えてもらうんだよ
えー本当!?
決算書の作り方って
スゴい興味あるー

私も一緒に聞きたい！
そういえば マキちゃんは会計の 学校に行ってるもんね
うんっ
わーい
私ね、学費を稼ぐために 中華料理店とバーのバイトを 掛け持ちしてるんだー
苦学生なのー
パチンッ
あっ
てか、おじいちゃんは なんで決算書の 作り方知ってるの？
今はこうして掃除 しとるがの、実は 元社長じゃ
ズズ
ふーん
人生って いろいろ あるんだねぇー
うんうん
なんでこう なるのかなぁ
ふぅ…

部署は、会社の固定費を回収するために貢献すべき

では次に運用側
つまり左側の話だが
あんたの部署には主に
どんな資産があるんじゃ？
うちの部署で研究開発はしないので…
「ガラス」という商品以外は売掛金と車くらいですかねぇ…
じゃあ
その資産を効率よく運用してるかどうか いつでも上司であるあんたがチェックしてるかな？
い、いえ 具体的に何をすればよいのでしょうか？
チェックしなよ～
部署の「総資産利益率」つまり、部署の資産に対してどのくらいの利益を稼げているか見るんじゃよ
総資産営業利益率
＝
営業利益÷資産合計
部署の「損益計算書」では営業利益までしか計算しないから、正確にはこのような式になる
なるほど
うげっ
計算ヤダ～…
部署として目標にすべき利益率はどのくらいなんですか？
目標は会社全体の「総資産利益率」を超えることなんじゃ
どどーん
営業
会社
それよりも小さいと将来、会社として別の部署に力を入れられてしまうかもしれん！

とにかく部署の利益を計算してみんとな
次は部署の「損益計算書」を見てみよう 会社全体のものとの違いがわかるかな？
部署の損益計算書
売上高
変動費
貢献利益
管理可能固定費
管理可能利益
管理不能固定費
事業部利益
全社共通費
営業利益
特有な項目
あっ 久々に図が出てきた
う〜ん…
会社の決算書には「貢献利益」「管理可能利益」「事業部利益」って言葉は出てこない！
部署の利益を計算するときは、その責任者が管理可能かどうかが最も重要になるんじゃ
第一営業部
責任者
営業一課
営業二課
それぞれの言葉の意味を教えてもらえますか？
？
さっぱり…
よかろう
「変動費」で一番大きな割合を占めるものは何じゃ？
うちの部署はガラスを仕入れて売っているので「売上原価」じゃないですか？

正解！
でも もうひとつ
変動費の大きなものに「リベート」があるじゃろ？
あっ
ゼネコンからの発注に応じて一課が支払っている！
売上に比例して業者にキックバックしてるから、確かに「変動費」になりますね！
「貢献利益」
ガラス1枚を売ったときに増える利益
そして「売上」からこの「変動費」を引いた金額が
「貢献利益」になる
そもそも何に貢献してるかというと、「変動費」以外の経費である「固定費」を回収するために「貢献」しているって意味じゃ
「貢献利益」は管理可能か？不能か？
それでは

コツ コツ
どっちかな～
不能っぽい…?
よし…管理不能っぽいですね!
ガラス一枚当たりの原価率は、経理部が決めてますから!
いけーっ!
ブッブー!!
大ハズレじゃあー!! 「貢献利益」は部署のビジネスの利益そのもの!!
ええっ!?
くそ～
つまり「貢献利益」を大きくすることを目標にしなければいけないんじゃ!!!
理不能
管理不能
薄利多売のビジネスは忙しいだけで儲からない
部署として商品を高く売るアイデアを出したり原価率を小さくする努力をしなければいけないのじゃ!
うんうん
肝に銘じます!

事業部利益と管理可能利益の違いを認識しているか

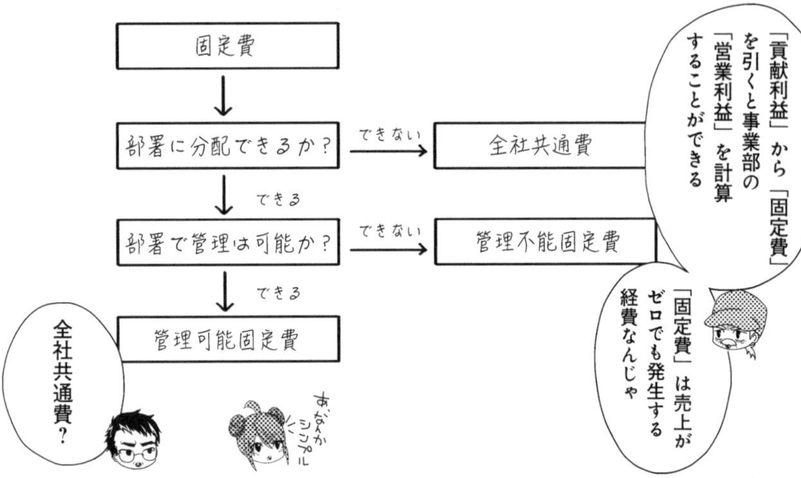
固定費
部署に分配できるか?
できない
全社共通費
できる
部署で管理は可能か?
できない
管理不能固定費
できる
管理可能固定費
「貢献利益」から「固定費」を引くと事業部の「営業利益」を計算することができる
「固定費」は売上がゼロでも発生する経費なんじゃ
あ、なんかシンプル
全社共通費?

いいかい?「固定費」は大きく3つに分類することができるんじゃ
まず「固定費」の中で部署には決定権がないものは
ここ
①全社共通費
決定権がないなら部署にはこの経費を負担させないってことかしら?
いや、会社が勝手に部署の負担すべき金額を決めてしまうという意味じゃ
例えば社長や秘書の給料なんかがそれに当たる

できる
署で管理は可能か？
できない
② 管理不能固定費
できる
③ 管理可能固定費
次に「全社共通費」を除いた固定費を、部署で管理できるかどうかで2つに分けるこのとき 形式にはこだわらず、実質で判断するんじゃ
例えば部署の人件費の最終的な承認は取締役が行っていたとしても、仕事の評価は部長や課長がやってるじゃろ？
ええ、たしかに私が部下の査定を行ってます
ホント？
その場合、人件費は「管理可能固定費」になるんじゃ！
一方、賃料は使用する場所の決定権も賃料の交渉権も部署にはないので「管理不能固定費」になる
あぁ、この場所自体？
つまりココね
それで3つの固定費を「貢献利益」から引くと「営業利益」が計算できるんじゃ
ムキッ
それで部長の私は…
この営業利益の黒字化を目指せばいいんですね？
最終的にはなでも「全社共通費」は第一営業部がなくても発生する経費だから
「事業部利益」をプラスにすることが当面の目標になる

ええ…じゃあもし
この「事業部利益」が
赤字だと
会社の足を引っ張っている犯人ということになるんですかね？
そうじゃ！
だから犯人を見つけ次第
会社から追い出さなきゃならん！
ポイ
会社
だんだん不安になってきましたよ！
うわああああ…
だいじょーぶ
だいじょーぶ
そんなの計算したらすぐにわかるよ
一課と二課の営業データは把握してるんじゃろ？
はい、細かく管理してます
固定費に関するデータは？
そういえば、以前部長クラスの勉強会でもらったような…
ここに入れっぱなしのはず…
あった！
ありましたよ!!
それだったら計算は速いぞ。早速数字をはじき出してみよう

なぜ、みんなが会社という組織で働きたいと思うのか？

部署の損益計算書

	一課	二課	合計
売上高	12億円	7億円	
変動費	11億4000万円	5億円	
貢献利益	6000万円	2億円	
管理可能固定費	1億円	9000万円	
管理可能利益	▲4000万円	1億1000万円	
管理不能固定費	2000万円	2000万円	
事業部利益	▲6000万円	9000万円	3000万円
全社共通費			2000万円
営業利益			1000万円

どうじゃ？　一課と二課どちらの利益が高かったんじゃ？
うわっ一気に数字が生々しくなった
地道な営業を続ける藤島の二課が圧倒的な黒字で9千万円でした…
逆にエースの桜井が管轄《かんかつ》する一課は…
儲かってないどころか6千万円の大赤字です
一課は「管理可能利益」まで赤字だったなんて…
二課だけにしたほうが部署全体の利益は大きくなるんじゃないの？
それは早計じゃよ
一課の「貢献利益」の項目を見るとプラスじゃろう？

部署全体の固定費を回収することには貢献しておるから、一課は存続させるべきなんじゃ
「管理可能利益」が赤字なのは多分、リベートを払いすぎているからじゃろ だから、それは変えんといかんな
たしかに・・
うう・・・・
では 明日にでも桜井を呼んで「管理可能利益」が赤字だったことを教えます！
バッカモーン!!!
この数字をあんたの部下に見せたら 彼は責任を感じてしまうじゃろ！
ワシはそんなことのために決算書を作ったんじゃなーい!!
おじいちゃん怖い～!!
Old man to wash
ぽか～ん…
今のってそんな怒ること？

ビシッ
よいか？会社は責任をおしつけ合う場所ではない！
利益を上げてその中から給料を分け合う組織体なんじゃ
そ…その通りです
はーい
じゃあさおじいちゃんには今の一課をプラスにするアイデアがあるの？
もちろんじゃなぜワシは「管理可能利益」を計算したのか？
そ、それは…責任を持つべき利益を知るためです！
責任を持つとはどういうことじゃ？
黒字を目指さなければならないってことです
それは違う
事業部利益だって黒字を目指すんじゃろ？それなら
事業部利益さえあれば管理可能利益は計算しなくてよいことになる
え？

取引するほど赤字になる相手とは、すぐに縁を切ろう

(1)短期的に変更可能な経費
＝変動費、管理可能固定費
(2)長期的に変更可能な経費
＝管理不能固定費
ちょっとまっておじいちゃん！「管理可能固定費」の中にはさ、短期的に変えることが難しい経費もあるよね？
そんなことはない！自分で意思決定できることは必ず短期的に変更できるんじゃ
そして、「管理可能利益」を「管理不能固定費」よりも大きくすることができれば事業部利益は黒字になる
一課の「貢献利益」を圧迫してるのはリベートじゃろ
そうよねー
すぐにでも止めさせたいが…業界的に難しいことも多いんじゃろ？
ハイ
そこで、取引先ごとに「貢献利益」を計算してそこから人件費を差し引いて赤字になっていないかを確かめるんじゃ

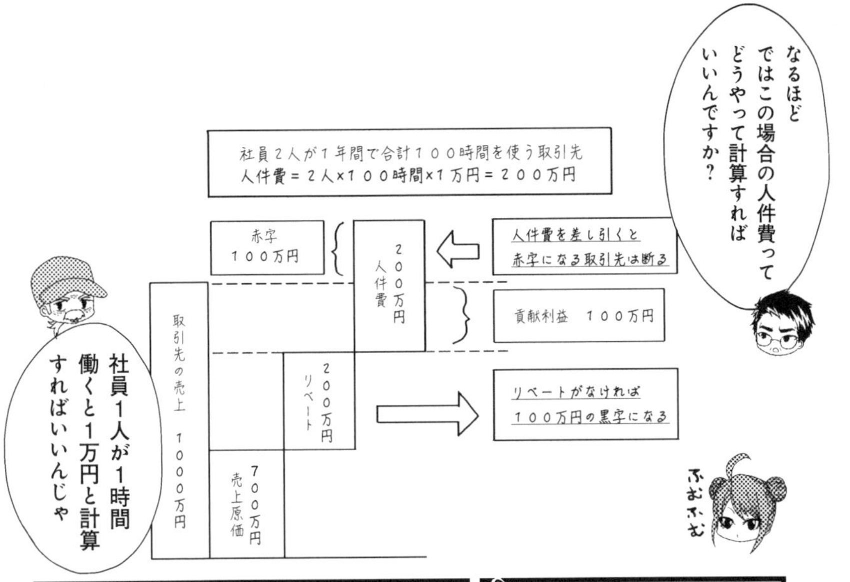
なるほど ではこの場合の人件費って どうやって計算すれば いいんですか？
社員２人が１年間で合計１００時間を使う取引先
人件費＝２人×１００時間×１万円＝２００万円
赤字 １００万円
２００万円 人件費
人件費を差し引くと 赤字になる取引先は断る
貢献利益 １００万円
取引先の売上 １０００万円
２００万円 リベート
リベートがなければ １００万円の黒字になる
７００万円 売上原価
社員1人が1時間働くと1万円と計算すればいいんじゃ
ふむふむ

えっ
時給1万円！
高っ――！
どんな業態でも、社員1人に対する貢献利益は2千万円を目標にするんじゃ
社員1人が1年間（250日）毎日8時間働くとして計算すると時給1万円になるじゃろ

課長が対応するときなどはいくらになるんですか？
ふ〜ん
貢献利益の目標が高めなので、役職に関係なく平均1万円でいいんじゃ

ところで、社員が取引先ごとに使ってる時間は集計しているんじゃろうな?
それなら、市販の安いソフトを使って日報と一緒に管理しています
じゃあすぐ計算できるな それで赤字になってる取引先のリベートを下げる交渉をすればいい
それを嫌がる取引先とはすぐに縁を切るんじゃ!!
ちょっと待ってください
そんなことしたら取引先が大きく減ってしまう
ぼけ〜
人間は忙しいと今のままでいいと思いがちなんじゃ
ひまだ…
一課は赤字だから暇にするべきなんじゃよ!

なんとかしなきゃ!!
特にモーレツ社員の桜井課長を意図的に暇にすれば不安になって新しいアイデアが出るはずじゃ
たしかに、赤字になるほどのリベートを要求してくる取引先のビジネスモデルって破綻してるわよね…
その通り！そんな会社とのリベートを下げる交渉自体、時間の無駄じゃ…
仕事というのはちょっとした工夫で儲かるものなんじゃ一度 桜井課長を突き放してみて
自分で考えなさい
部長…
自分の頭でゆっくり考えさせるのもよい経験になるぞ
わかりました…そのように明日指示を出してみます…
うんうん
よろしい！

先行投資をしなければ、売上なんて上がらない

次は二課の「変動費」を見てみよう
どれどれ
今が黒字なら何もしなくてよいというわけじゃない
本当に利益率のよいビジネスに人材やお金を集中させて伸ばすべきじゃろ
ほ～
えっ 二課は黒字だったから見直さなくてもいいじゃん!!
二課を拡大しろと…代わりに一課は縮小ですか?
そうじゃ その意思決定をするために、部署と課の「損益計算書」を作ったんじゃ
二課は儲かった中から、もっと経費を使うべきだったということですか?
そういうことよね～
違う違う
違～う!!
きたなーい!!

ビジネスは儲かってから経費が使えるわけじゃない！ 経費を先に使うからこそ、売上が上がって儲かるんじゃ!!
売上UP!
支払い
最初に支払いがあるからガラスの売上が上がるのじゃ～！
仕入
人件費
二課の売上を上げるために先行投資するってことね！
その通り！ これまで法人相手の取引だったから宣伝広告はほとんど打ってこなかったじゃろ？
たしかに…
戸建ての業者だけじゃなくてネットなどで個人に直接売ってもいいんじゃないのかね？
従来（業者）
＋
ネット（個人）
今からでも遅くないよ
今まで実践で仕事を覚えればよいと思っていましたが新しい知識を身につけるために勉強が必要だってわかりました
ふむふむ

社員が1秒でも無駄な動きをすれば、固定費は削減できない

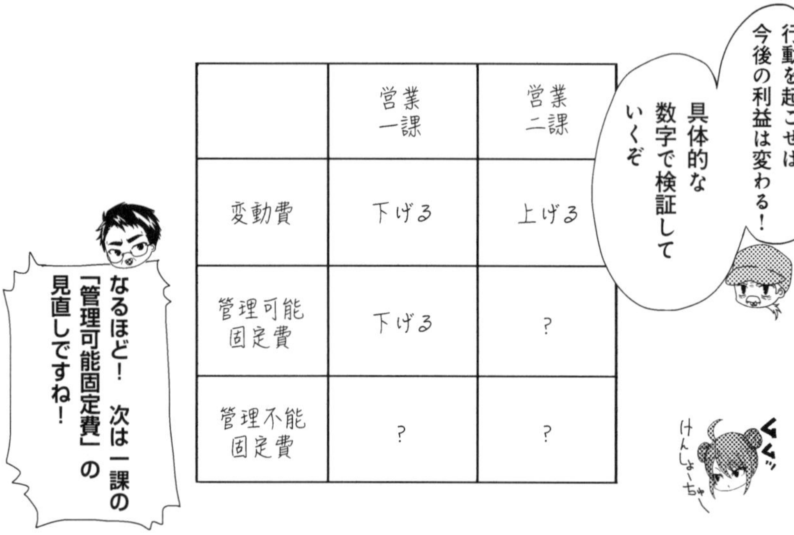

行動を起こせば今後の利益は変わる！
具体的な数字で検証していくぞ
なるほど！ 次は一課の「管理可能固定費」の見直しですね！
ムムッ
けんしょ～ちゃ～

	営業一課	営業二課
変動費	下げる	上げる
管理可能固定費	下げる	？
管理不能固定費	？	？

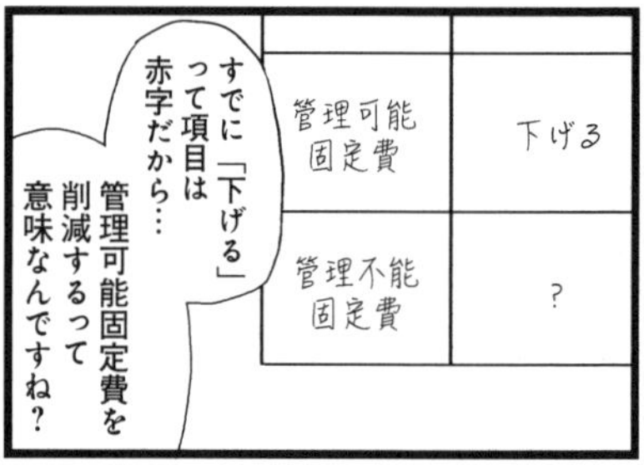

管理可能固定費
下げる
管理不能固定費
？
すでに「下げる」って項目は赤字だから…
管理可能固定費を削減するって意味なんですね？

う～ん
固定費で削減できるものは何かな？

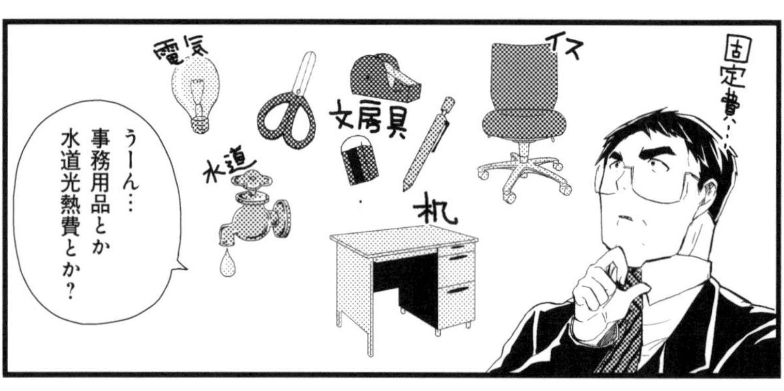

固定費…
イス
電気
文房具
水道
机
う～ん… 事務用品とか水道光熱費とか？

どれどれ〜
実は「管理可能固定費」で一番大きい割合を占めるのは人件費なんじゃ
2つの課を比べてみると…
ギクッ
?
ありゃ??
一課のほうが二課より大きいぞ!?
実は、桜井課長は2度も社長賞をとるほど売上を伸ばしてきたんです
だから、桜井課長の給料もダントツに上げてしまったんです
うんうん…
赤字だったからと言って彼の給料を下げるのはいいことなのか
売上だけで判断していた私が悪いんですが…
わかったわかった
どんな場合でも給料を下げられてモチベーションの上がる社員はいない!
たしかに…

ちなみに桜井って課長は…
Sか？ Mか？
いきなりですね…まぁ私と同じような性格ですから…
真正のMですね
それはマズい…給料下げられたら燃え上がるタイプじゃないか！
ドMか…
コンチクショーッ
えぇ絶対にがむしゃらに頑張りますよ！
彼だけやる気になってもなぁ…
ちなみに今の一課の平均給料はいくらなんじゃ？
課長を除いて平均で1人500万円くらいですね
私も年収500万ほしいな…
とすると社会保険料10%と交通費、研修費の10%を足すと
1人あたり600万円の人件費が1年間にかかる
一課10名で6千万円そこに桜井課長を足すから人件費はもっと大きくなるな
えっ今の一課の「貢献利益」は6千万しかないんですよ！

そうすると人件費以外の「管理可能固定費」をゼロにしても当面一課の「事業部利益」は赤字になるな
うわっまさかリストラですか?
お前は、結論が早すぎる!いいか!? 人件費は売上に関係なくかかる「固定費」じゃろ?だったら…
仕事の無駄を省くことで単価を下げることができるんじゃ!!
つまり依頼を受けてから発注してそれを卸すまでの時間を短くすれば
100枚おねがいね〜
ハイ!
100枚たのみます!
ガラス100枚
固定費を削減することと同じになるんじゃよ
要は、社員の無駄な動きを少なくするってことよね?
そうじゃ!仕事が速くてもゆっくりでも発生する固定費は同じなんじゃ!

そうか！桜井課長が1人でやる気になってもダメってことですね…
組織的に素早く対応できる人間がたくさんいる方が固定費が分散できて利益につながるってことですね
でもさっき一課の仕事を減らすべきだって言ったよね？
どんなに速く仕事してもそのあと暇になったら「固定費」が分散できないんじゃ…
おいおい、誰も一課だけ見直せとは言ってないぞ！
さっきから、売上が伸びている二課に人材とお金を集中しろと言ってるじゃないか
そうか!! 仕事を速くこなすことで余った一課の社員を二課に回せばいいんだ!!
一課
二課
異動
なるほどー！
その人数を決めるためにも…それぞれの課の事業部利益を確定しようかのぉ…

なぜ社員間で「情報共有」をすると、売上が上がるのか？

目標とすべき損益計算書

ん？
うんうんっ！

	一課	二課	合計
売上高	6億円	8億円	
変動費	5億4000万円	5億7000万円	
貢献利益	6000万円	2億3000万円	
管理可能固定費	5000万円	1億4000万円	
管理可能利益	1000万円	9000万円	
管理不能固定費	1000万円	3000万円	
事業部利益	0円	6000万円	6000万円
全社共通費			2000万円
営業利益			4000万円

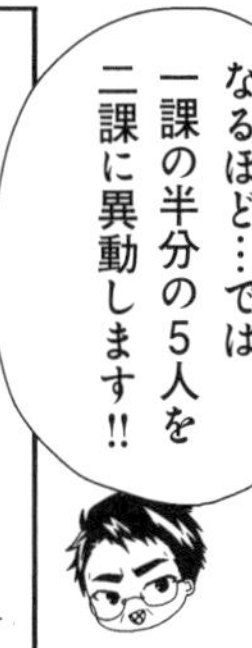

なるほど…では一課の半分の5人を二課に異動します!!

いきなり指示はダメじゃ
何の説明もなく社員を異動したら
元々 仲の悪い課同士は、ケンカになるに決まっている！
あっ、そうか…
まずは部署全体で数字を把握して 今の状況と自分達が何をやるべきかを理解してもらうんじゃ
それでやっと1つの目標に向かうことができる
たしかに…
そして、部署の目標を個人の目標にまで落とし込むと分業体制が確立できる
あとで目標と実績の「ズレ」もチェックするんじゃよ！

なるほど！さらに目標を達成できないときはその理由を探すんですね！
なんで？
いや目標を達成した場合でも、その理由を探すんじゃ
チームというのは、どんな場合でも目標との「ズレ」を確認し合ってよりよい方向に進むようにみんなで考えるべきなんじゃよ
それを繰り返すことで社員全員が自分の仕事に対して「なぜこうなったのか？」と行動を見直すことにつながるんじゃ
どうじゃ!?明日から改革を実行に移せそうかい？
えぇ、ただ今日私が部長として力不足だったことがわかり不安はありますが…
がんばれー
ふぉふぉふぉ！

大丈夫じゃ！ あんたは
自分の部署の現実を知ることから
逃げずに こんな老いぼれの言葉に
耳を傾けてくれたじゃないか…
目標を持ち、手段さえ 間違えなければ 絶対に 自分の目指す場所に たどりつくことが できるはずじゃよ！
じゃあそろそろ ワシは帰るわい
すごーい おじいちゃん 見直した！
ありがとう ございました!!
…よしっ！

その後 第一営業部は急激に売上を伸ばし
第一営業部
第二営業部
第三営業部
第四営業部
その年の暮れには桜井と藤島が社長賞をダブル受賞
社長賞
社長賞
そして3年後に大塚は会社創業以来、最年少の取締役に就任することに…
おめでとうございます!

これはもう「幸せ」と判定してよさそうですね
今、儲かっている組織が生き残るわけでも
結束力が強い組織が生き残るわけでもねぇんだよな…
過去のやり方を反省し変わり続けられる組織こそ生き残るんだ

❶ 部署の貢献利益を計算する

どの部署にお金を振り分ければ、会社の利益が最大になるかは、会社の役員が話し合って決めることです。

そのため、社員は、部署の貸借対照表ではなく、部署の損益計算書に目を向けるべきです。

そして、自分の部署の利益を最大にすることが、結果的に会社の利益を最大にすることだと考えます。

このとき、部署の売上を最大にすることを目標にしてはいけません。単純に売上が上がればよいだけだとすれば、赤字の商品を売っても構わないことになってしまうからです。

そこで、まず社員は、自分たちが売っている商品ごとの貢献利益を計算してみましょう。

貢献利益とは、売上から変動費を差し引いたものです。変動費とは、売上に比例して発生する経費のことです。

このとき、「変動費＝売上原価」と考えがちですが、リベートなどの手数料や歩合制の社員の給料、売上連動の賃料があれば、それも変動費に含まれます。

商品ごとの貢献利益を合算して、それで売上に比例しない固定費を回収しなければ、部署の利益は黒字にはなりません。

つまり、単価が高い商品ではなく、貢献利益が

〈部署の利益を最大にするには〉

売上を上げる
貢献利益を大きくする
貢献利益は
「売上－変動費」
で計算できるよ

大きい商品を売るべきなのです。

ただ、この貢献利益は自分たちで変動させることができます。

例えば、ちょっとしたアイデアで、今よりも高い価格で売れる商品があるかもしれません。商品を安く仕入れる取引先を探せれば、売上原価は下がります。支払っているリベートがあれば、業界の慣行で止めることはできなくても、減らす交渉はやるべきです。

会社から与えられた貢献利益で頑張ったけど、赤字だったのでリストラされたというのでは、納得できないはずです。

とにかく、そのままの貢献利益を受け入れるのではなく、自分たちで、大きくする方法を考えてみましょう。

❷ 固定費を分解する

貢献利益から部署の固定費を差し引くと、営業利益が計算でき、最終的に、これがプラスになることを目指さなくてはいけません。このとき、部署の固定費は、大きく3つに分けることができます。

1つ目が、部署ではまったく決定権がない「全社共通費」です。これは、社長やその秘書、総務部の給料などで、会社の役員が話し合い、それぞれの部署が負担すべき金額を勝手に配分してしまいます。

社長の給料と各部署の仕事は、まったく関係ありません。ただ、すべての部署は黒字だったけど、全社共通費があったので、赤字でしたという結果にならないように負担はさせておくのです。

部署の固定費から全社共通費を差し引いたものは、部署で管理できるかどうかで、「管理可能固定費」と「管理不能固定費」の2つに分けることになります。

管理可能固定費は、短期的に変更可能な経費のことで、管理不能固定費とは、長期的にしか変更できない経費を指しています。

とすれば、「管理可能利益＝貢献利益－管理可能固定費」が赤字、もしくは低かったとしても、短期的に改善できるはずです。

管理可能固定費の大部分を占めるのは、社員の固定給です。これを削減することが、管理可能利

〈固定費は３つに分けられる〉

①全社共通費

マキの給料はカットだー
えっー!!

②管理可能固定費

……大部分を占めるのは給料

③管理不能固定費

……大部分を占めるのは賃料

益を最大にすることにつながります。

とはいえ、ただ固定給を下げればいいというわけではありません。足し算や引き算で利益を出そうとしても、社員のモチベーションは下がってしまいます。

そこで、今まで4人でやっていた仕事を3人でこなせるように、前向きな改革を行うのです。それで余った1人を、別の仕事に回すことで、管理可能利益を上げる努力こそ、仕事の工夫ではないでしょうか。

そして最後に、管理不能固定費の大部分を占めるのが賃料です。借りるスペースを狭くする、もしくは将来的には、もっと安い賃料のビルに移転することも視野に入れましょう。

賃料が高い場所で商品を売ることで儲かる飲食店や小売の事業であればよいですが、売上にあまり貢献しない賃料であれば、削減すべきです。

「今、儲かっている組織が生き残るわけでも、結束力が強い組織が生き残るわけでもない。過去のやり方を反省し変わり続けることができる組織こそ、生き残ることができるんじゃ」（『会計天国』PHP文庫より）

エピローグ

会計で幸せへの扉を開きます

HEAVEN AND FINANCIAL STATEMENTS

プツン…
うそ…
あの時…
北条さんが…？
どうでした？
どうして…
北条さんは生き返らなかったの？
ガチャ

くぁぁ～
あ～よく寝た～
あぁ、仮眠とっていたんですか
ああ、昨日徹夜でな
ん？
何か見てたのか？
ええ、さっきまで北条さんの
現世復活ゲームの映像を…
ぎゅっ

北条さん!!!
ビクッ
…
うお!?
この書類の作り方教えてください!!
…は?
なんだいきなり…
ドサドサッ
あと この前の案件とこのクライアントのと…
待て待て!
どうした急に!?

私…うれしいんです！
生前
うちは昔からこの値段でやっているから
安いわねー
材料費が値上がりしているのに、このままで大丈夫なの？
今月も赤字よ、！
バカヤロー じいさんの代からこの味と この値段でやってんだ そう簡単に変えられるか！
父は職人気質《かたぎ》でお金や経営には無頓着《むとんちゃく》だった
そのせいで店は赤字続きで常に経営は苦しかった

間もなく
和菓子屋は倒産
せめて私にもう少し
会計の知識があれば、
少なくとも倒産する
ことはなかったはずだ
そんな時
カリスマ経営コンサルタントに
聞く会計基礎知識
決算書とは読むものではなく、
自分で作り出すものです。
テレビで北条さんの
ことを知った
これがきっかけで
私は経営コンサル
タントを志した

北条さんに憧れ
バイトを掛け持ちしながら
会計士試験の予備校に通った
会計ノウハウこの一冊!
経営と会計
まいどー
そして私にとって
特別な出来事
あの時出会った
ママも
おじいちゃんも

全部北条さんだったんだ…！
だからあなたに教わりたい！

…言っとくが
オレは甘くないからな
ハイ！
ピンポーンッ
ガチャ
こんにちは
静子！
え、誰？
?
あぁ

北条さんの死ぬ10年前に亡くなった奥さんです
おみやげー
もしかして奥さんがいたから
生き返らなかったの?
さぁ?
それはどうかな?
何よソレ〜
恭子
元気にしてっかな?
ええきっと
あっ

どうした恭子?
今、お父さんとお母さんが笑った気がしたの

数カ月後――
天上会社 □□□□□□
なるほど〜 うちの問題点がよく わかったよ〜
早速改善するよ ありがとう
頑張ってください
お役に立てて よかったです
ありがとー
おい、ちょっと いいか？

なんですか？
SOS商
倒産寸前
現世に行って経営状況の悪い会社を立て直す仕事の依頼が来てるんだが…
お前それやってみないか？
現世!?
北条さんがやったような仕事ができるんでしょ!? やってみたいです！
お前はやる気がありすぎて心配なんだよな…
大丈夫です！
精一杯…

会計でたくさんの人を幸せにしてきます！
おう、行ってこい
なんで北条さんは生き返らなかったの？
？
それは小説『会計天国』に書いてますよ
くあぁ

【会計用語解説】

■貸借対照表

財務諸表の1つで、特定の時点での会社の財務状況を表している。左と右に分かれていて、左側には「資産」、右側には「負債」と「純資産」の部があり、両者はいつでも一致する。これを見ると、会社が右側で資金調達してきたお金を、左側でどのように運用しているのかがわかる。そして、毎年の当期純利益も、会社が儲かって資金調達したことと同じであり、右側の純資産に合算されていく。

■当期純利益

税引き前利益から税金を差し引いた1年間の最終的な利益のこと。日本では税引き前利益に対して約40％の税金が課せられる。これは、あくまで会計的な数字であるため、実際にこの金額のキャッシュが手元にあるとは限らないので注意すること。とはいえ、この数字を見ることで、配当可能な利益がどのくらいあるのかを判断できる。

■損益計算書

財務諸表の1つで、会社の1年間（事業年度）の成績を表している。1年間で会社が稼いだ売上から、そのために使ったお金を経費として差し引いて、当期純利益を計算する。この当期純利益は、毎年ゼロから始まり、再計算されて、プラスならば黒字、マイナスならば赤字となる。なお、この経費の中には、減価償却費と税金も含まれている。

■資産

会社が事業を運営するために、借入金や純資産で調達したお金が形を変えたもの。例えば、預金は当然だが、仕入れた商品、店舗の内装、役員などへの貸付金など。また見えないが賃貸借契約で、大家にお金を差し入れた敷金なども、資産として計上される。この資産は、1年以内にお金として回収できる流動資産と1年を超えてお金として回収する固定資産に分けられる。

■負債

会社がお金を第三者から借りてきた金額を表す。銀行からお金を借りてくれば、当然、借入金になるが、例えば、今月使った、水道光熱費は、翌月に請求書が送られてきて、支払うことになる。今月は支払いを猶予してもらっているため、それもお金を借りたことと同じで負債に計上される。そして、この負債は、1年以内に返済する流動負債と、1年を超えて返済する固定負債に分けられる。

■純資産

自己資本のことで、簡単に言うと、返さなくていい資金のこと。他人から借りた資金＝負債は返さなくてはいけないが、もともと自分が持っていた資金＝純資産は、返す必要がない。また、会社が積み重ねてきた当期純利益も純資産にあたる。

■資本金

資本金とは、会社を設立するときに、株主が出資したお金を表す。株主は議決権を持ち、会社の経営に参加する。このとき、その持ち株比率によって、行使できる権利が変わってくる。強い権限を持つ代わりに、借入金と違い、会社は返済する必要がない。また、いつでも新しく株主になる人から、増資してもらうことができる。これも、同じように資本金として計上されるが、その1株当たりの金額は、自由に決定してもよい。

■借入金

会社が金融機関などから借りてきた金額を表し、貸借対照表の負債に計上される。1年以内に返済する短期借入金と、1年を超えて返済する長期借入金に分けられる。

■流動資産・固定資産

流動資産は、基本的に1年以内にお金になる資産のこと。売掛金、棚卸資産、短期的に売買する有価証券などがこれにあたる。一方、固定資産は、基本的に1年以内にお金にならない資産のこと。有形と無形、その他に分けられる。土地、建物などが有形、ソフトウエア、商標権、著作権などが無形で、どちらも、それ自体を使うことで、会社は売上を稼ぐ。

■流動負債・固定負債

1年以内に返済するのが、流動負債。買掛金や1年以内に返済する短期借入金などがあたる。経営状況を判断するうえで、この流動負債と流動資産のバランスが重要である。流動負債のほうが大きいと、資金繰りに詰まって倒産する可能性がある。

一方、すぐに返す必要がなく、1年を超えて返済するのが固定負債。社債や長期借入金などがあたる。

■減価償却費

会社が10万円以上の資産を買うと、それを1年で使い切らないかぎり、固定資産として計上する。固定資産になると、損益計算書で一度に経費としては落とせず、税務署が決めている耐用年数で、毎年、少しずつ減価償却費として計上しなければならない。この計算方法には、定額法と定率法がある。会社としては早く経費が計上できる定率法を使ったほうが税金は安くなる。ただし、建物については、定額法しか使うことができないと決められている。

■定額法

減価償却費の計算方法で「固定資産を買った金額×償却率」で計算する。建物の減価償却費は定額法で計算しなければならない。

■定率法

減価償却費の計算方法で「（固定資産を買った金額－前期末までの償却費の累計額）×償却率×２倍」で計算する。

■交際費

交際費とは、会社が業務で関連する取引先の担当者との飲食代を表す。税務署は、この交際費を無制限に経費として落とせると認めていない。

資本金１億円以下の会社は、１年間で８００万円まで、または実際に使った交際費の１／２までのどちらか大きなほうを経費にできる。資本金１億円超の会社は、実際に使った交際費の１／２まででしか経費にできない。なお、業務に関連しない飲食代は、交際費ではなく、それを使った役員などへの貸付金となる。

■売掛金

財務諸表は、発生主義で作られる。そもそも、会社が商品やサービスを売ったとしても、その場ですぐに、お客が支払ってくれるとは限らない。例えば、クレジットカードで支払えば、カード会社からは翌月に振り込まれる。このとき、お金が振り込まれた日に売上を計上するわけではなく、実際に商品やサービスを売った日に売上を計上する。そして、お金はもらっていないため、資産には売掛金として計上される。

■買掛金

財務諸表は、発生主義で作られる。会社は、商品やサービスを買ったとしても、その場で支払うものばかりではない。例えば、商品を仕入れても、支払いは翌々月末にすることもある。このとき、お金を支払ったときに経費にすると、売掛金と一緒に計上された売上によって、利益が大きくなり、多くの税金を支払うことになってしまう。そのため、支払うことが確定したときに経費として計上する。そして、お金は支払っていないため、負債には買掛金として計上する。

■総資産利益率

総資産利益率とは、当期純利益を資産の合計で割ったもの。会社が、資産をどれくらい効率よく使って、当期純利益を稼ぐことができたのかを表す。会社は、総資産利益率を高くすることを目標にすべき。そして、総資産利益率は、「売上高利益率×総資本回転率」に分解できる。つまり、会社は商品やサービスの価格を上げる、または売上原価を下げて、売上高利益率を改善するか、1年間で商品やサービスを売る回数を多くして、総資本回転率を上げればよいことがわかる。

■貢献利益

貢献利益とは、部署の売上から変動費を差し引いたもの。変動費とは会社の売上に比例して発生する経費で、売上原価は当然だが、取引先へのリベートや歩合制の給料なども含まれる。一方、部署の売上に比例しない経費を固定費と呼び、主なものは、定額で決められた賃料や固定給などとなる。貢献利益によって、固定費を回収できれば、部署の事業部利益はプラスで黒字となり、回収できなければ、マイナスで赤字となる。

■管理可能利益

貢献利益から管理可能固定費を差し引くと、管理可能利益となる。管理可能固定費とは、部署が短期的に変動させることができる固定費のことで、給料や消耗品などが含まれる。つまり、管理可能利益とは、自分たちの意思決定で変更可能な利益と言える。部署は、商品の価格を上げたり、仕入れる材料の価格を安くして貢献利益を大きくすること、給料を削減して、管理可能固定費を下げることで、管理可能利益を最大にすべき。

■事業部利益

事業部利益とは、部署が責任を持って黒字にすべき利益のことで、管理可能利益から、管理不能固定費を差し引いて計算する。管理不能固定費とは、短期ではムリだが、長期的には部署が変動させることができる固定費のこと。過去に投資した機械設備の減価償却費、賃料などが含まれる。ただそれでも、部署は、管理不能固定費を、儲かっている課に、より多く使わせたり、賃料については次回の契約更新時には、下げる交渉をすることで、事業部利益を最大にする努力をしなければいけない。

■変動費

売上に比例して発生する経費。例えば、商社の場合は、売上原価やリベートなどの手数料が、変動費にあたる。

■営業利益

部署の事業部利益から、全社共通費を差し引くと、営業利益となる。全社共通費とは、部署には決定権がない社長や総務部の給料などがあたる。部署は、最終的には、この営業利益を黒字にすることを目指さなくてはいけない。

オマケ　北条会計事務所のゆるい日常

営業

マキちゃん思い出す

Kスマイル

天使Kはとってもクールで
感情があまり顔に出ない
意識して表情作れないの？
ちょっとやってみろよ
・・・
どうでした？
今の表情は？
笑顔です
少し不器用です

北条さん

カリスマ経営コンサルタントの北条さんは
とってもきびしい
ガ
ガ
部下を怒鳴りつけることも…
いいんですか？あんなに怒って
いいんだよ
あいつならもっと成長できる
本当はとっても優しい人

あの時の…

1章
早くして下さい
ドガッ
うわー
2章
ドゴッ
時間がないんです
またかーっ
そして今になって
腰痛が…ひどいんだが…
ズキズキ
しれ～
歳ですか？

駐馬場

Kさん
あのペガサスは何？
あれは会社員用のレンタルペガサスです
天国ではアレに乗って出社します
すごーい！
Kさんも乗ってるの？
ドサァ
いえ、私には自前の翼が…
あ
天使だもんね

指パッチン1

指パッチン2

『COMIC 会計天国』は私たち、
Manga Designers Lab. が
制作しました。
最後までご覧いただき、
ありがとうございます！

〈原作者紹介〉

竹内謙礼（たけうち・けんれい）

有限会社いろは代表取締役。大企業、中小企業問わず、販促戦略立案、新規事業、起業アドバイスを行う経営コンサルタント。大学卒業後、雑誌編集者を経て観光牧場の企画広報に携わる。楽天市場等で数多くの優秀賞を受賞。現在は雑誌や新聞に連載を持つ傍ら、全国の商工会議所や企業等でセミナー活動を行い、「タケウチ商売繁盛研究会」の主宰として、多くの経営者や起業家に対して低料金の会員制コンサルティング事業を積極的に行っている。特にキャッチコピーによる販促戦略、ネットビジネスのコンサルティングには、多くの実績を持つ。NPO法人ドロップシッピング・コモンズ理事長としてネット副業の支援と普及にも力を入れている。青木氏との共著として、『会社の売り方、買い方、上場の仕方、教えます！』（クロスメディア・パブリッシング）、『会計天国』『戦略課長』（以上、PHP文庫）、著書に『売り上げがドカンとあがるキャッチコピーの作り方』（日本経済新聞出版社）、『御社のホームページがダメな理由』（中経出版）ほか、多数。

有限会社いろは　HP：http://e-iroha.com/

青木寿幸（あおき・としゆき）

公認会計士・税理士・行政書士。日本中央税理士法人代表社員、株式会社日本中央会計事務所代表取締役。明海大学講師。

大学在学中に公認会計士２次試験に合格。卒業後、アーサー・アンダーセン会計事務所において、銀行や大手製造業に対して最新の管理会計を導入し、業績改善や組織改革の提案を行う。その後、モルガン・スタンレー証券会社、本郷会計事務所において、M＆Aのアドバイザリー、不動産の流動化、節税対策の提案などを行う。平成14年１月に独立し、株式会社日本中央会計事務所と日本中央税理士法人を設立して代表となり、現在に至る。会計・税金をベースとして、会社の再生、株式公開の支援、IR戦略の立案、ファンドの組成、事業承継対策などのコンサルティングを中心に活動。著書に『ありふれたビジネスで儲ける』（クロスメディア・パブリッシング）など多数。

「企業再生のために組織再編を使おう」　HP：http://www.soshikisaihen.com/

〈作画〉

Manga Designers Lab.（マンガデザイナーズラボ）

マンガ家とは異なる「マンガデザイナー」によってあらゆるコミュニケーション課題を解決する手法を提案する。

最新のメディア理論に基づき、領域なきマンガデザイン文化の創造をミッションとしている。吉良俊彦氏がプロデュースするメディアデザインと合わせた「MANGA DESIGN×MEDIA DESIGN」で、クライアントの課題を解決する。

HP：http://manga-designers.net/

装丁：一瀬錠二（Art of NOISE）
カバーイラスト・表紙マンガ：Manga Designers Lab.

COMIC 会計天国

2014年9月8日　第1版第1刷発行

原　　作　竹内謙礼
　　　　　青木寿幸

作　　画　Manga Designers Lab.

発 行 者　小林成彦

発 行 所　株式会社PHP研究所
東京本部　〒102-8331　千代田区一番町21
エンターテインメント出版部　☎03-3239-6288（編集）
普及一部　☎03-3239-6233（販売）
京都本部　〒601-8411　京都市南区西九条北ノ内町11
PHP INTERFACE　http://www.php.co.jp/

組　　版　朝日メディアインターナショナル株式会社
印刷所
製本所　図書印刷株式会社

落丁・乱丁本の場合は弊社制作管理部（☎03-3239-6226）へご連絡下さい。
送料弊社負担にてお取り替えいたします。
ISBN978-4-569-82018-7

PHPの本

［図解］

人を動かすリーダーの話し方

佐々木常夫　著

言葉力の磨き方から、部下とのコミュニケーション、会議で意見を通す方法まで、シンプルだけど大切な40のテクニックを解説。

定価　本体八〇〇円（税別）